Best Selection 2

大川隆法
初期重要講演集
ベストセレクション②

人間完成への道

Ryuho Okawa
大川隆法

大川隆法
初期重要講演の軌跡

1989.7.16–1989.11.12

「『私的幸福』と『公的幸福』を両輪として、理想的な世界をつくりたい。」
（第１章より）

第１章
1989年７月16日法話
「成功理論の新展開」
（ホテルナゴヤキャッスル）

当日の講演会場内の様子。

第2章

1989年8月6日法話

「人間完成への道」（札幌市教育文化会館）

「『大いなる力に生かされ、他の多くの人間の存在によって生かされている』という、自分のその事実をまず受け入れることです。」
（第２章より）

講演は大ホールで行われた。

第3章

1989年9月9日法話

「人を愛し、人を生かし、人を許せ」（宗像ユリックス）

「いかなる優れた資質や才能を持った人であっても、一定の苦境あるいは困難・艱難のなかをくぐってこないと、真なる強さというものが出てこないのです。」
（第３章より）

開演を前に待機列をつくる人々。

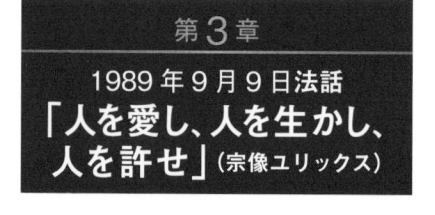

「反省の習慣がついてくると、その自分の思ったこと、しゃべったこと、聞いたことについての自己判断について、即座に反省が入るようになるのです。」
（第４章より）

第４章

1989年10月8日法話
「八正道の再発見」
（丸亀市民会館）

聴衆で埋め尽くされた講演会の様子。

会場となった丸亀市民会館。

新刊の書籍やカセットテープを求めて並ぶ人々。

第5章

1989年11月12日法話
「無限の愛とは何か」
（東京ベイNKホール）

「『真実の世界を知る』ということは、いったい何を知るのか。
それは、私たちを取り囲んでいるところの『偉大なる愛』を知るということです。」
（第5章より）

開演を心待ちにしている
約6000人の聴衆。

まえがき

約三十二年前の説法が時系列的にあざやかによみがえった。当時の講演会には、一般の方も多かったので、極力《きょくりょく》わかり易《やす》く説かれた悟りの入門書となっている。霊言集だけで当会の教えを理解している人には驚きかもしれないが、三十二、三歳で、十分な、思想家、哲学者、詩人でもあった自分を再発見した。

今回は、昔のテキストでは編集部限りで削除されていた部分をかなり復原《ふくげん》した。たいていは、私自身の個人的体験、感想、ヒューマンな部分である。だが〈ウィズ・セイビアの精神〉には、皆と共に歩む私があってもよかろう。

もし当会の教えが広すぎで分からなくなっている人には、本書は、まことに分かり易い本として、じっくりと読んでもらえるとうれしい。

二〇二一年　二月二十一日

幸福《こうふく》の科学《かがく》グループ創始者兼総裁《そうししゃけんそうさい》　大川隆法《おおかわりゅうほう》

大川隆法　初期重要講演集　ベストセレクション②　目次

第2章　人間完成への道

一九八九年八月六日　説法
北海道・札幌《さっぽろ》市教育文化会館にて

第3章　人を愛し、人を生かし、人を許せ

九州連続セミナー
一九八九年九月九日　説法
福岡《ふくおか》県・宗像《むなかた》ユリックスにて

第4章　八正道《はっしょうどう》の再発見

一九八九年十月八日　説法
香川《かがわ》県・丸亀《まるがめ》市民会館にて

第5章　無限の愛とは何か

一九八九年十一月十二日　説法
千葉県・東京ベイＮＫホールにて

第1章

成功理論の新展開

一九八九年七月十六日　説法《せっぽう》

愛知県・ホテルナゴヤキャッスルにて

1　成功理論の出発点にあるものとは

「永遠の生命」を考えずして成功の定義はできない

さて、この名古屋《なごや》の地には、私は三年ぶりにやってまいりました。今から三年余り前、この地に住んでいたことがあります。仕事で来ていたことがあります。非常に懐《なつ》かしい感じを受けました。

昨日《さくじつ》、名古屋駅に降り立って、そして、見渡《みわた》してみますと、駅の風情《ふぜい》もすっかり変わってしまいました。デザイン博のためにデザインを変えたという話でありましたけれども、何か新しい感じというものを受けました。

そして、以前、名古屋におりましたときに、名古屋の人々の中心的関心であると私が感じたものは、「この地にカルチャーをつくりたい。文化をつくりたい。文化の創造をやりたい」というような願いがある、そういうふうなことでした。そして、このデザイン博なども、その一環《いっかん》として用意されたものだろうと思います。

しかし、私は思うのであります。外のかたちのデザインをしたところで、それはやがて移ろいゆくものである。しかしながら、人間の心というものをデザインしたときに、このデザインは廃《すた》ることがない。決して、不滅《ふめつ》の、永遠の生命をやめることがない。そのかたちは、いったんかたちづくられると、もはや消えゆくものではない。そのように感じます。

私たちは永遠の生命を生きております。それは、七十数冊（説法当時）の書物のなかで、私が一貫《いっかん》して説き続けているテーマであります。

それを私はこのように説明しています。

事実は事実である。事実は事実であるということは頑固《がんこ》であり、それを覆《くつがえ》すだけの証拠《しょうこ》を出すことはできない。しかし、その事実を証拠立てるところのさまざまな資料を、私たちは出すことができる。一冊一冊のこの積み上げは、この唯一《ゆいいつ》の事実、「人間は永遠の生命を得て、そして永遠の魂修行《たましいしゅぎょう》の過程にある」ということの事実を前提として、根本《こんぽん》として、説き明かすために出されているのであります。

本日の演題としては「成功理論の新展開」というテーマを掲《かか》げましたが、この成功理論というものも、この永《なが》き「永遠の生命」という大いなる大河《たいが》、悠久《ゆうきゅう》の大河の流れのなかにある、われら個人というものを考えずして、この成功の定義はできないのであります。

六十年、七十年の人生を完成度の高いもの、この世的に認められるものとして生きることをもって、それで成功とは、私は決して思わない。成功はあくまでも永遠の視点から見た成功でなければならない。それが人間として生きているところの出発点である以上、この出発点を誤った成功理論は、いくら組み立てられたところで小さな地震《じしん》にも崩《くず》れていくであろう。そのように感じるのであります。

「永遠の生命」の存在は、議論する余地のない百パーセントの真実

今日は三千人のみなさんにお集まりいただきました。みなさんのなかには、私の本をかなり読まれた方もいらっしゃるでしょうし、まだ一冊も読まれていない方もいらっしゃるでしょう。半信半疑《はんしんはんぎ》で来られた方もいらっしゃるでしょう。いろいろな方が来ておられると思います。

ただ、今、演壇《えんだん》に立ってみなさんに語りかけている私の顔を見、姿を見て、もしその表情に、その言魂《ことだま》に、真実の一片《いっぺん》でも感じられるのならば、私はみなさんにお約束したい。断言したい。

人間には永遠の生命があります。これは百パーセントの真実です。そして、それを議論する余地はないのです。そのように人間は創られているのです。

私たちの心の奥底《おくそこ》を繙《ひもと》いてみると、いろいろな時代に、いろいろな地域で生きてきた私たちの姿があります。

霊言集《れいげんしゅう》というものを数多く出しておりますが、そこの表題に出ている霊人《れいじん》たちは、過去、偉人《いじん》として生きた方々であります。もし、そうした方々の生命が地上を去った時点において消滅しているのであれば、そうした霊言というスタイルでの書物の出版は不可能となります。

しかし、それをあえてやっているということは、もし私の言うことを真実だと感じられるならば、これは事実そのものであるということなのです。

ということは、どういうことであるか。

ここにおられる三千人のみなさんも、やがては地上を去られるわけであります。やがては地上を去られるが、地上を去ってもその生命は消えることがないということであります。消えることのない生命は、それは決して、キリスト教的に言うところの、「善を行い、キリストの教えを信じたら、永遠の生命を得、そうでないものは炉辺《ろへん》にくべられる草花のごとく消え去っていく」、そういうはかない命であるとは、私は申しません。

すべての人間は、すべての生命は、等しく「価値」を持ち、等しく「永遠の生命」を享受《きょうじゅ》しております。

ただ、その表現形式は、人それぞれの「思い」と「行い」によってさまざまなものとなっていきます。その思いによって、動機によって、行いによって、結果というものは来ます。その結果は、この地上的なる結果のみならず、この地上を去った世界での、みなさんがた一人ひとりの生き様となって展開していくでありましょう。そのように思います。

さて、そうしたことを前提といたしまして、今日は幾《いく》つかの枠組《わくぐ》みで話をしてみたいと思います。大きく分けて、「個人のレベルの問題」、それから「企業《きぎょう》レベルの問題」、「国家レベルの問題」、この三つの段階に分けて成功理論なるものを話してみたいと思います。

「私の説くところの成功理論が、みなさんが街角《まちかど》でよく見かけるところの、うわべだけの、虚飾《きょしょく》だけの、単なる自己顕示《けんじ》だけの成功理論では決してない」ということとを、この出発点において感じ取っていただきたいものであります。

2　個人レベルにおける成功とは

①「生きていてくれてよかった」と言われる人生であるか

まず、「個人のレベルにおける成功」とは何であろうか。これを考えた方は数多いでありましょう。

この「成功」という名の表現は、ある意味で、私たちが幸福の科学で「幸福」という名で語っているものと似通《にかよ》っているかもしれません。この「成功」という言葉のこの二字のなかに、もし「永遠の生命を生きる人間」という根本《こんぽん》の姿勢を導入するならば、「成功」という言葉は、私たちが説いているところの「真なる幸福」とまったく一致《いっち》するはずであります。

さすれば、その幸福と一致するところの成功とは何であるか。

私は、この根本的姿勢を三つの点に求めたいと思うのであります。

第一点は、みなさんによく分かるように言うとするならば、この世で数十年の人生を生きて、他の人々から「あなたにいてもらってよかった」と言われなかったら、それは成功ではない。

「よくぞ生きていてくれた。この時代に、この地域に、この場所に、この時間に生きていてくれた」。これを口に出してか、あるいは無言のうちか、それは分かりませんが、「生きていてくれてよかった。一緒《いっしょ》の時代にいてくれてよかった」と思われなければ、決して成功ではない。

逆の発想をするならば、「いなければよかった」と言われたら最後であります。生まれてくる値打ちがない。生きてきた値打ちがない。地上に生きていたという値打ちがない。その証拠《しょうこ》は消したほうがいいかもしれない。

この一点を、まず分かっていただきたいと思います。

では、他の人々に「生きていてもらってよかった」と言われる人生であるならば、必然的にその内容が検討されるはずであります。

②生きたという痕跡《こんせき》を目に見えるかたちで遺《のこ》せ

第二点は何であるか。

これは第一点で言ったような消極的なものではなくて、もう少し積極的なものであります。

これは自分から見ても、「今回の人生において、これだけの積極的なるものを、これだけの事業を、これだけの自分の努力の足跡《あしあと》を、これだけの成果を、これだけのモニュメントを、これだけの記念碑《きねんひ》を遺《のこ》した」という事実であります。これは主観的なるものではあってはならない。客観的に、やはり、それだけのものを遺さねばならない。

職業を持つ男性であれば、仕事のなかでそれを達成することも可能でありましょう。家庭のなかで、主婦で一生を生きられる方であっても、「家庭内ユートピア」

という目に見えるユートピアを築くことは可能であるはずであります。それが現実のユートピアであるか否《いな》かは、家族たちの顔を見れば分かるはずです。子供たちの、あるいは夫や両親の顔を見れば分かるはずであります。

このように、二番目には、みなさんが生きたという痕跡《こんせき》を目に見えるかたちで遺せということです。

③人生の諸教訓を胸に刻《きざ》んで、自《みずか》らの思想にまで高めよ

そして、三番目に、人間として生きて成功したと言えるためには、私はその人なりの思想が必要だと思います。

多くの人にとって、書物を書くような思想を遺すことは難しいかもしれません。しかし、求められているものは、そうした難解なものでもなく、他の人々に客観的に学ばれるような論文を書くことでもありません。

ここでの思想とは、「自分は人生を生きてきて、こういう教訓をつかんだ。この

教訓は人に語るに足る内容である」、そう言えることとです。「私が五十年の人生を生きてきて、七十年の人生を生きてきて、つかんだことはこういうことである。その内容は、私のあとから来る人たちに与《あた》えることができる内容である」、こういう内容をつかんでほしいのであります。

そう言えば簡単ではありますが、では、みなさん一人ひとりに、ご自分の思想が今ありますか。「自分の思想を今述べてみよ」と言われたときに、何が語れますか。「あなた個人の人生で得た教訓とはいったい何ですか」と問いかけられたときに、その内容を明確に明瞭《めいりょう》に人に説き、そして参考になるようなかたちで言えるでしょうか。

思想というものは、ある日忽然《こつぜん》と生まれてくるものでは決してないのであります。それは、私たちが学習をし、考え、実践《じっせん》に移し、いろいろな経験をしていくなかにおいてつかみ取っていくものであり、つかみ取って、それを自分のものとして心のなかに刻《きざ》んだものだけが思想となるのです。

自分固有の思想を各人が持てるはずであり、いや、持つべきであるのです。これを持たなければ、みなさんの今回の人生における霊的《れいてき》向上はなかったと言ってよいのであります。

私たちが、これだけ大きな三次元という空間を与えられ、このなかに五十億人（説法当時）を超《こ》す同時代の同期生たちと共に生きているということは、「この〝宇宙船地球号〟のなかで大いなる経験を積め」ということであります。

その経験は、単に個人の経験として留《と》めていては、それはみなさんの自己満足に留まってしまうのであります。その経験を個人のものに留めることなく、他の人々の学びの材料としていくべきであります。

その内容を胸に刻んでほしいのであります。その胸に刻んだ内容は、生きているうちに他の人々に教えを説くというかたちで、あるいは助言をし、あるいは指導をするというかたちで、かたちになって現れることもあるでしょう。

生きているうちにはそれが姿となって、かたちとなって現れることなく、地上を去った後《のち》に、私が「実在界」と呼んでいるところの世界に還《かえ》って、その教訓を発揮することもあるでしょう。

数多くの霊人《れいじん》たちが、霊訓《れいくん》というものを、私を通して地上に問うていますが、彼らの霊訓の内容そのものは、決してレンガやコンクリートや、そんなブロックとか、こんな硬《かた》いもので出来上がったものではない。その述べているところの教えの一つひとつは「珠玉《しゅぎょく》の言葉」であり、それは、「思想」というものが確かに体験を通して光ってきたその姿であるのです。自分だけが得たその「光の姿」を、「光の言魂《ことだま》」を、みなさんに投げかけているはずであります。

そうです。物事に大小があるように、人の悟《さと》りにも大小はあるでしょう。人の悟りにも高低はあるでしょう。

しかしながら、人間として生き、名前を持ち、個性を持って生きてきた以上、たとえ他の人との比較《ひかく》において見劣《みおと》りする内容であったとしても、自《みずか》らの特有の個性ある思想を持っていただきたい。この思想が高まっていくときに、それを「悟り」

という言葉で呼ぶのです。

そうです。この個人の人生における成功という言葉には、どうしても「悟り」という響《ひび》きが欲《ほ》しい。悟りの内容が欲しい。あるいは、悟りの風韻《ふういん》が欲しい。香《かお》りが欲しい。

悟りとは、確かに手に取って見せられるようなものではないかもしれない。その悟りは、しかし、あの果物に果物特有の香りがあるように、花に花特有の香りがあるように、確かに各人一人ひとりの魂《たましい》の香りとして漂《ただよ》っているものであります。人は、確かにそれをかぎ分けることができます。ちょうど、桃《もも》の木の下、桃の実の下を通れば桃の匂《にお》いがするように、桜の木の下を通れば桜の花の香りがするように、各人の持っているところのこの悟りの香りは、そのそばを通る人に、確かな確かな手応《てごた》えを、確かな余韻を、確かな感興《かんきょう》を与えるのです。

これが明確でなく定《さだ》かでないからといって、否定することは許されないことであります。各人がその魂を持って生きているということは、この悟りの芳香《ほうこう》を、香りを、豊かな芳醇《ほうじゅん》な匂いを放ち続けて生きているのであります。

そして、各人が放ち続けているところのこの悟りの香りの総合が、総体が、この地上という世界の雰囲気《ふんいき》を決めてゆくのであります。

この香りが腐《くさ》ったものであるならば、この香りが濁《にご》ったものであるならば、この香りが不浄《ふじょう》なるものであるならば、この地上も、暗くどんよりとした、薄暗《うすぐら》く、匂いの悪い、住みたくない世界になってゆくでありましょう。

しかし、馥郁《ふくいく》たる香りが漂ったときに、そこにユートピアというものが現出することは想像に難《かた》くはないのであります。

以上、三つの点から個人の悟りをも踏《ふ》まえた成功の話をいたしました。これは基《き》礎《そ》的な理論であります。この基礎的な考え方を各人の立場に置き直して、まず理解し直していただきたい。そう思います。

第一段階は、まず、他の人々の迷惑《めいわく》にならず、嫌《きら》われず、「いてくれてよかった」と言われるような人となることにあったはずです。

第二段階は、「数十年の生きた人生、何もしなかったとは言わせない。これだけのことはやったというものを、はっきりと目に映るかたちで遺せ」ということ。

第三段階は、「人生の諸教訓を胸に刻んで、自らの思想にまで高めよ。その思想がどんどんと向上していったときに、悟りというものになるのだ。悟りという名の果実になるのだ。悟りという名の花になるのだ」、そういう話でありました。

3　企業《きぎょう》レベルにおける成功とは

「お金はそれを使う人の動機や結果において善悪が決まる」と知れ

さて、この成功の理論は、もし「個人」という単位を離《はな》れて、「企業《きぎょう》」あるいは「組織」というなかに照射されたとき、いかなる姿に映るでしょうか。これを考えていただきたい。

今、日本の国の隅《すみ》から隅まで株式会社で満ちています。そして、それはそれなりに繁栄《はんえい》の姿を表しているように思います。日本は空前の繁栄を、今、満喫《まんきつ》しているようにも見えます。諸外国から見れば、おそらくそうでありましょう。

しかしながら、この株式会社という制度は、現代の社会においては非常に適合しやすい制度ではありますが、「心」がない。これは最大の欠点であります。

私は「心がない」と言いましたが、そうした企業体に、はたして「心」というものがあるかどうか、それを疑問視される方もいらっしゃるでしょう。「心」という言葉が悪いならば、「精神」と言ってもよい。「マインド」と言ってもよい。中身です。

それぞれの企業の定款《ていかん》には「こういう事業をやる」ということが書いてあります。そして、目的は利益の追求になっている。利益の追求は結構です。結構だが、何のためにするのか。その利益を追求する人々の心のなかに去来しているものは何なのか。その会社として目的とし、そして求めているものはいったい何であるのか。それを問うたことがあるのか。それを言いたいのです。

新入社員になれば、必ずそういう入社のガイダンスがあるでしょう。会社としての事業目的があり、そして、利益の追求を目的としている。それはそれで結構。お金そのものを悪いとは、私は言っていない。それは、三次元をよりよくしていくためにプラスに使われたならば、非常に大きな力となるでしょう。

ただ、そうした利潤《りじゅん》、利益といわれるようなものは、本来、価値中立的なものであるということを知らねばなりません。それそのものが善でもなく、悪でもなく、それは、それを使う人の心において、動機において、そしてその結果において善悪が決まるものなのです。それを知らずに〝数字〟だけいくら貯《た》めたところで何にもならないのです。

その〝数字〟は、それが本当によい方向で生かされている数字ならプラスだが、マイナスの方向に使われている数字は、これはいくら計算上は黒字であっても、霊《れい》的《てき》な目で見れば赤字で記《しる》されているということなのです。

そして、真にこの地上をよくせんとして、ユートピアにせんとして使われているところのこの利益は、「黒」というよりも「金色の字」で示されている。そういうふうに会社の貸借《たいしゃく》対照表、損益計算書には記載《きさい》されている。霊的な目で見れば「金色の文字」で入っている。しかし、そうでないところは「赤」で入ったり、「黒」で入ったり、「灰色」で入ったり、いろいろしていいます。そういうものがあるということなのです。

これを考えずして、「わが社の発展・繁栄」と言っても、それは本当にそうであるかどうかは分からないということなのであります。

地上を、あるいはこの地上に生きている人たちの生活を乱し、彼らの環境《かんきょう》を破壊《はかい》し、彼らの心を荒廃《こうはい》させて、そして会社が繁栄したところで、それは〝河原《かわら》の枯《か》れすすき〟にしかすぎない。私はそう言いたい。

「徳」はリーダーの器《うつわ》をつくっていくための資格条件

さすれば、ここで特に大事な内容は何であるかというと、会社を率いる人、リーダーの心構えであります。

これからのリーダーは、心というものを、心の世界を知らずしてリーダーたることは許されないということなのであります。「いまだかつて心の修行《しゅぎょう》なるものをしたことがない者は、ただちに管理職から退《しりぞ》け」。私はそう言いたい。

管理職に必要なのは技能だけではない。もちろん、仕事ができるということ自体も他の人への愛であることもあるであろう。多くの共同体への奉仕《ほうし》になることもあるであろう。

しかしながら、その多くが、〝自《みずか》らが得る〟ために、自らがその報酬《ほうしゅう》を、成果を、評価を得るためにやってきたことであるならば、動機において自らを利する方向に傾《かたむ》いているならば、やはり、心は不在であると言わざるをえないのであります。

よく、「徳」という言葉が使われます。経営者たる者の器《うつわ》、リーダーたる者の器、その器をつくっていくための資格条件としての「徳」という言葉が使われます。この徳という言葉は古い言葉にもなりました。現代的にはなかなか理解がされなくなっています。

しかし、徳なるものは必ずある。それをみなさんに、今、分かるようなかたちでご説明するとするならば、生きてきた時間、自分が生きてきた時間のなかで、他の人の幸福のことを考えた時間がはるかに多い人のことを「徳ある人」と言うのです。

ところが、一人ひとり自分の心の内を眺《なが》めてみてください。みなさんが過去数十年に考えてきたことは何ですか。その多くは自分自身のことばかりであったのではないですか。一日のうちでもよい。一日二十四時間のうち、起きている十六時間のなかで考えている内容はいったい何ですか。その内容はほとんど自分自身のことではないですか。自分自身の悩《なや》みを悩むことをもってよしとしているのではないですか。

たまに他の人のことを考えることがあったとしても、他の人のことを考えているその内容は、他の人の悪口や愚痴《ぐち》や批判、非難、こんなことばかりではないですか。他の人や環境への不平や不満、こんなものばかりでいっぱいになっていませんか。こういう人を「徳がない」と言うのです。

徳がある人というのは、他の人々への愛の思いを続けてきた人のことを言うのです。

その心の内は分かりません。心の内は、残念ながら、地上の世界ではガラス張りではありません。地上を去った世界ではガラス張りです。すべての人の心の内は分かりますが、この地上ではいかんせん分かりません。分かりませんが、確かに、みなさんが胸の内で思い続けてきた内容は、これはみなさん自身の魂《たましい》の光として現れてくるのであります。徳とはそういうものなのです。

徳とは、確かに、つかみ出し、見せるようなものではありませんが、「いかに多くの時間、自らの利益にかかわりなく、自らの名誉心《めいよしん》にかかわりなく、自らの自己保身にかかわりなく、他の人々への愛の思いを抱《いだ》いたか」、「他の人々への幸福、他の人々を幸福にしようとする思いでその時間を埋《う》めていったか」、この総量が徳となって現れてきます。

そして、この徳の力は、あたかも私が『漏尽通力《ろじんつうりき》』という本のなかで、「『悟《さと》り』の漏《も》れる光」の話をしたのと同じように、三次元にあっては、ガラス張りではない見えない心、肉体に蓋《ふた》をされ見えない心ではあるが、確かにここか

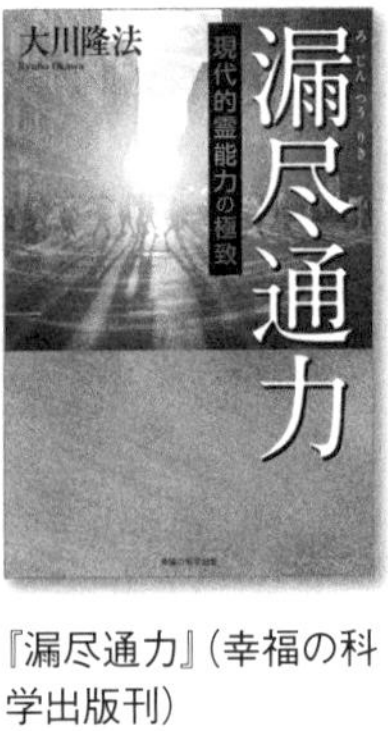

『漏尽通力』（幸福の科学出版刊）

ら漏れてくるのです。漏れてくる光なのです。あの蚕《かいこ》の繭《まゆ》のなかから光が出てくるように、漏れてくるのです。これを徳という。

どれだけ多く他の人のことを思ってきたか。生かす方向で、許す方向で、慈《いつく》しむ方向で、どれだけ他の人々のことを考えてきたか。これが徳なのです。

徳を大きくしていくために実践《じっせん》すべき「愛の発展段階」とは

「徳とは何か分からない」と思っている方は、今日、一つの結論を得たはずです。徳にはいろいろな説明があります。しかし、私はいちばん簡単な説明をいたしました。思いのなかを他の人への愛で満たせ。「愛と徳とは極《きわ》めて近いところにあるのだ」ということを知ってほしい。

徳が大きな珠《たま》として成り立っていく姿は、あのアコヤ貝のなかに真珠《しんじゅ》ができてくる姿にも似ていましょうか。その真珠が大きなものになっていく過程は、私が『太陽の法』

『太陽の法』(幸福の科学出版刊)

のなかで説いた「愛の発展段階説」と極めて酷似《こくじ》しているのであります。

まず、「徳ある人」と言われるためには、他の人々に愛を与《あた》えるという気持ちが大事です。ギブ・アンド・テイクではなく、愛を与えるという気持ちが大事です。

これを「愛する愛」と私は呼びました。

そして、この愛を与えていくなかで、より多く技能を磨《みが》き、才能を持っている人たちは「生かす愛」というものを実践《じっせん》することができると、私は説いています。

「生かす愛」とは指導者の愛、他の人々を教え導く愛です。この愛の段階は、やはり、単に人に愛を与える段階よりは上の段階にあります。それは、この世的なる指導者にも数多い。そう言いました。

そして、この「生かす愛」より難しい愛の段階として、「許す愛」というものがあると言いました。

「生かす愛」を実践できる人は優《すぐ》れたる人であります。優れたる人は他人《たにん》の長所も欠点もよく見えます。長所も欠点もよく見えるが、この上下《じょうげ》感、上下《うえした》の感覚は非常に明確になってくるがために、人の粗《あら》がよく見えてくるようになる。

経営者のほとんどが行き当たっているのは、この部分です。「生かす愛」の段階において他人の粗が見えすぎる。部下の粗が見えすぎる。失敗、欠点、こういうものが見えすぎる。そうして、ともすれば「君主論」を説いたマキャヴェリのように、単に会社というその組織体を護《まも》るために、人を物のように扱《あつか》い始める。機械のように扱い始める。そういうふうに冷たい心になっていきます。

この境涯《きょうがい》を乗り越《こ》えるものは、他の人々への「許す愛」――。「許す愛」とは優《やさ》しい愛です。優しい気持ちです。共に神から創られたる者として生かされている者を、その者の罪を、その者の過《あやま》ちを、欠点を許し、包み込《こ》んでいこうとする愛です。これは「宗教的見地に高まった愛」と言ってよいだろう。

そして、この上に、さらなる指導者の愛として、もっと大きな偉人《いじん》の愛として、「存在の愛」というものがあると私は言いました。「時代精神」的なる愛です。その人がその時代に生きているということが、人類への福音《ふくいん》となるような人。こういう

「時代精神」となるべき人は、いつの時代にも、いつの地域にも必ずおります。

そういう、全方位に光を発しているような人。「一対一」、「対象があっての愛」ではなく、光り輝《かがや》いている人。エジソンの、あの電球の光のように輝き続けている、そういう存在を「存在の愛」というふうに私は呼んでいますが、こうした愛の発展段階は、すなわち、それは徳が大きくなっていく段階と一緒《いっしょ》であります。

ただ、あえて言うとするならば、愛とはあくまでも「行動」のなかに現れてきます。愛とはあくまでも「活動」のなかに現れてきます。愛とは人と人との間に生まれてきます。愛とは「人と人との関係学」として現れてきます。

そうした目に見える、思いと結果の間に出てくるところの「行動」、「活動」として出るものを、その作用を、私たちは「愛」と呼んでいますが、「徳」なるものはこうした作用や活動、行動ではなく、「存在」そのもののほうに重点を置いたものの見方です。

徳とは、心のなかに蓄《たくわ》えられた叡智《えいち》でもありましょう。愛というものが珠玉《しゅぎょく》のものとなって固まり、結晶《けっしょう》していったときに、それが徳となるでしょう。

その徳は、すべて使われるということはあまりありません。ちょうど水晶の珠《たま》のように、なかまで美しく透《す》き通っては見えるが、決してなかに手を触《ふ》れることはできない。透《とう》明《めい》であるのに、水晶の珠の外に触れることはできるが、なかに触れることはできない。

徳というものは、こうした水晶の珠のようでもありましょう。誰《だれ》でも見ようとすれば見ることができるが、手で触《さわ》ってしまうことはできない。手で触って触《ふ》れることはできない。これを徳といいます。徳とは人格内部の貴《とうと》い「存在」のことです。

4　国家レベルにおける成功とは

政治の進むべき方途《ほうと》は「神の心」に求めるべき

さて、今、企業《きぎょう》の単位では、「こうした指導者がどうしても必要だ」という話、「指導者に徳が必要だ」という話をしました。この話のレベルは、当然ながら国家の単位においても通用するはずです。

今、時あたかも選挙のシーズン、その真っ盛《さか》りであります（説法当時）。

日本という国の政治は今、大きな曲がり角《かど》を迎《むか》え、いかなる方向に今後進んでいったらよいのか、その方途《ほうと》が分からなくなってきております。進むべき方途が分からないならば、それを自分の小さな頭脳に訊《き》くな。それを諸外国の模範《もはん》に求めるな。求めるところは「神の心」、「神の念《おも》い」、ここに求めるべきです。

今、日本という国が、大いなる目から見てどう見えるのか。日本の政治はいかなる方向に進んでゆかねばならんのか。これは、もっと真剣《しんけん》に議論せねばならんことです。

各政党がその得票数を、議席数を単に争うのみならず、もっと真剣な方向で考えねばならない。政治の問題、腐敗《ふはい》、いろいろ言っていますが、これも煎《せん》じ詰《つ》めれば一点、「政治に徳がない」ということ、「政治家に徳がない」ということ。

徳がないということは、「神様の目指している方向が見えない」ということ、「どちらの方向に真なる方向があるかが分からない」ということ、「真なる正しさがいったいいかなる方向にあるのかが分からない」ということ、その一点に尽《つ》きます。

そして、その真なる方向が分からずに彼らなりに努力している姿が、政治に参画していないところの多くの国民の目には、利欲のままに生きているように、自我我《じがが》欲《よく》のままに、競争心のままに、利己心のままに生きているように見えるのです。

もし徳あらば、もし神の方向が見えるならば、彼らの努力は正当に報《むく》いられ、正当に評価されるはずであります。〝奥《おく》なるもの〟がないがために、自分の保身や自分の利権や自分の権益のためにやっていると思われているのです。本心はそうではないかもしれない。しかし、そう見えるということは、中心を見失ったということ、〝北極星〟を見失ったということであります。

政治は「徳ある人」が自然に選ばれる体制でなければならない

これから、日本は大きな転換点《てんかんてん》に入っていきます。西暦《せいれき》二〇〇〇年に達するまでの今後の十年というものは、日本という国の今後にとって大きな転換点になっていきます。この十年間、さまざまなことが起きるでしょう。混乱もあるでしょう。

しかし、その混乱の行《ゆ》く手にあるものは一つ。政《まつりごと》というものを本来の人の手に戻《もど》すこと、すなわち、実在世界にあるところの秩序《ちつじょ》、その使命を政治に反映させること。これ以外にないのであります。

そのための方法論は幾《いく》つかあるでありましょう。

例えば、今の議会制を見ても、どうしても、衆議院と参議院という二つの政治機構は機能していないと、私には思えるのであります。私の目には、参議院という存在は不要であると見えます。

なぜ、不要であるか。

これは立法府の良心として、良心ある、見識のある人たちが集まって、そして、国政が間違《まちが》った方向に行ったときにブレーキをかけるためにありますが、現実はそうした機能を果たしていない。また、参議院に出ている人も、そうした良識ある人たちの集《つど》いであるとは思えない。立法過程の二重化を招き、そして、国政の遅延《ちえん》化、効率の低下を招いていると私には見えます。

また、今の民主主義という考え方も、「選挙型民主主義」だけを民主主義だと思っているようであるが、これも大きな間違いであります。それは決して、大きな視点から見たときに高い評価を得ているものではないのであります。それは、最悪を防ぎ、ある程度のところまで政治というものを引き上げることはできるが、選挙型民主主義で、いまだかつて、それが最高のものとして実現したことはないのであります。

なぜか。

それは、徳ある者を選ぶ過程というものは、利益、利権のための競合を排斥《はいせき》するからなのです。そうした競合主義と合わない部分があるのです。

徳ある者は自然自然と選ばれていき、浮《う》かび上がってくるのが筋《すじ》であって、徳は、あたかもガラスの破片《はへん》のごとく〝ごった煮《に》〟され、掻《か》き回されるべきものではない。選ばれる人が自然に出てくるような体制でなければならないのであります。

選挙制度の変革――衆議院を三つに分解し、参議院を廃止《はいし》する

今の選挙制度を見ても、真に徳ある人は出てきようがないのであります。

出てきようがない理由の多くは、みなさんはご存じでありましょう。もちろん、資金がかかるということもある。職業として非常に不安定だということもある。ま

た、同僚《どうりょう》として一緒《いっしょ》に仕事をする人たちの意識のレベルが、とうてい我慢《がまん》できないレベルであるということもある。いろいろなことがありましょう。

しかし、これは、これからの時代、勇気を持って変革していかねばならないと思います。

この変革論には、幾つかの方法があります。

現時点で私が一つ推奨《すいしょう》するとするならば、衆議院というものを三つに分解いたします。

そして、例えば衆議院の人数を六百人なら六百人とするならば、そのうちの三分の一、二百人ぐらいは、これは政治のエキスパートとして養成すべきです。政治家というものは、二年、三年、四年で、選挙に勝つためだけにやっていたのでは、本当に国の政治というものをリードしていけない。現代という時代はあまりにも情報が氾濫《はんらん》し、各職業においてエキスパートを要求している。そんな二、三年おきの選挙で選ばれる人たちに、官僚たちをリードし、また、諸外国の意見をよい方向に導いていくような力はないと思われる。

やはり、国としての大きな成果を願うならば、政治はエキスパートを必要としています。少なくとも三分の一ぐらい、二百人ぐらいはエキスパートとしての政治家を養成すべきです。

それは、現在のように新卒の、卒業のときにおける資格試験でなくてもよいかもしれない。五年以上の実社会経験を持つ人たちが、一定の国家試験、政治家試験というものを受けて、その資格を有するようにしていいと私は思います。

この政治家資格試験のなかには、当然ながら政治・経済・法律のような専門知識はありましょうが、それだけで止まっては現在の官僚を選ぶ制度と一緒になってしまいます。

これに加えて、今、私が強く言いたいのは、こうした真理です。心の教えです。これを同時に学んだ人を選びたい。「専門知識」と「心、精神の世界、真理の世界、この教え」を学んだ、両方を学び得た人を選出し、そして、政治のプロとして育てたい。そう思います。

もし、このなかでおかしな人が出るとすれば、十年おきに、最高裁のように国民審査《しんさ》をすればよいと思います。それで落ちなければ、六十歳《さい》まで、定年までやっていただいてもいいと私は思う。それが、国政をリードするためには極《きわ》めて大事です。

そして、次なる三分の一、次なる二百人は、私は、現在の参議院に代わるものとして、これは「職能制の民主主義」を挙げたい。「産業別民主主義」と言ってもよい。

今、各業界別にいろいろな集まりがあります。例えば、銀行なら銀行というところでは、銀行協会というものがあって、どこかの都銀の頭取《とうどり》をした人がその銀行協会の会長をやっております。

このように、銀行業界、あるいはメーカーのなかでも、鉄鋼であるとか、機械部門であるとか、あるいは石油であるとか、いろいろな産業の別があるでしょうが、その産業別グループのなかで、そうしたトップを経験したような人、このなかから互選《ごせん》によって四年に一回、一人、議員を出す。これはそのなかの互選でいいと思います。四年間の任期を全《まっと》うすれば再選はされない。そういうかたちで順番に、実社会における、その業界におけるトップの方を議員として出す。これが大事だと思います。これが参議院に代わる制度になるでしょう。

この議員となった四年の期間においては、その各人がいかなる政党に属すかは自由とする。決して利益代表とはしない。選ぶのはその団体からで、産業別から出すが、どのような政党に属して活動するかはまったく自由とする。

そして、残りの二百人、三分の一は、これは選挙型にする。これは四年に一回の選挙とし、各都道府県から二名、だいたい百名ぐらいを地方選出、残りの百名ぐらいを全国選出というかたちで選挙にしてよいと思う。

このようなかたちで、第一に「プロの政治家グループ」、第二に「職能制の政治家グループ」、第三に「選挙型の政治家グループ」、この三つのグループを出し、それぞれのなかから総理大臣の候補を一名挙げる。そして、三人出てきますから、三人の総理大臣候補を国民投票によって一人に絞《しぼ》る。こういうかたちにしておくと、お互《たが》いにいろいろなかたちで出てきた人のなかで、最も優《すぐ》れた人を選ぶことができるようになると思います。私は、現在ではこうした制度を推奨したいと思います。

こういうふうに、プロ政治家集団を置くことによって、政局の不安定を避《さ》けることも可能となりますし、実社会で実績のある人を選ぶことによって、能力的な高さも確保することができます。一定の数を選挙にすることによって、新しい血を入れることもできる。こういうふうなかたちが望ましいと思うのであります。

税金は一割以上取らず、省庁はサービスの提供で対価を得ればよい

さらに、どうしても今言っておかねばならないことは、みなさんが問題にしておられる「税制」という問題があるけれども、この日本の税制も、明らかに神の目から見て間違った段階まで来ている。間違っているのです。あのようなかたちであってよいものではないのです。

「税金というものは一割をもってよしとする」というのが神の国の考え方です。一割です。個人からも一割、企業からも一割、これ以上は取ってはいけないのです。それが、長い時代のなかで定説として決められてきたことなのです。

現在、個人からも五割を超《こ》える場合もあり、企業からもすごく税金を取っております。そして、個人では、高所得者層は働く気力がなくなっております。また、企業では節税対策のためにいろいろな仕事をつくり出して、そして、企業の発展のために努力できない時間が数多くなってきています。無駄《むだ》なことです。

一割以上は取ってはいけない。この範囲のなかで考えなさい。国の収入がそれだけしかないならば、どうすればよいかは次に分かるはずです。その範囲のなかでやらなければいけない。

そして、これ以上に必要であるならばどうするか。それは、各省庁には、現在のように大蔵省《おおくらしょう》（現・財務省）からこの一割の税金によって予算を撒《ま》いてもよいが、それ以上活動したい場合には、各省庁別に、行政別にサービスを提供し、そのサービスの対価を得るとよい。やはり、企業の論理を省庁にも入れなければならない。そして、それにプラスアルファしようとするならば、自分たちが提供したサービス相応の対価を得ればよい。

ここにおいては、不要なものは必ず淘汰《とうた》される。国民において「そういうサービスが経済価値を生まない」と思うならば、そういうサービスは不要となります。今、不要なサービスはいっぱいあるはずです。考えれば分かります。無駄なことをいっぱいしています。

もし、このサービスが不要ならば、完全に淘汰されていきます。もし有用であるならば、それは明らかに対価を生むでしょう。そして、各省庁がサービスを徹底化《てってい》し、国民に喜ばれることによって、それなりの収入をあげられるようになる。そして、各省庁が自分なりの収入のなかで予算を組み、そして、活動をするようにすればよい。

「単年度で国家予算を使い切る制度」は根本的に間違《まちが》っている

それともう一つ、根本的な間違《まちが》い、「予算制度」の間違いは、予算は単年度、その年に使い切るか、遅《おそ》くとも翌年度には使い切らなければいけないことになっていることです。

しかし、個人の家計で、企業のなかで、こんなことがありますか！　みなさん、入ってきただけ全部使うということがありますか。そんなことで成り立ちますか。子供が進学するときにはどうするのですか。病気をしたらどうしますか。

企業なら、今は好況《こうきょう》かもしらんが、不況だったらどうしますか。やはり、内部留保というものはするでしょう。利益があがれば蓄積《ちくせき》するでしょう。当然のことです。

これを国家単位で全然やっていない。入ってくるだけ全部使う。消化してしまわなければ次の税収計画と予算が組めませんから、全部使ってしまいます。二月、三月になれば道路工事がいっぱい起きてくる。こんなことになってしまう。バカバカしい話です。許されないことです。みなさんは笑うが、当然のことなのです。

各省庁で独立採算でも構わないが、蓄積をして、必要なときに十年ごと、あるいは五年ごとに、大きな事業に乗り出して使えばよいのです。余れば運用に回せばいいのです。私はそう思うのです。そうではないでしょうか。

無駄《むだ》なものを置いておいて〝税金ばかりつくる〟官庁に、企業《きぎょう》論理を入れよ

また、これ以外にも、官庁のなかで不要だと思われる官庁はずいぶんあります。そこに勤めている人がいれば申し訳ないのですが。

例えば、農林水産省。私は不要だと思います。民営化したほうがいいです。農業への補助金はサラリーマンからの税金とほぼ一致《いっち》しています。数兆円あります。ほとんど同じです。企業《きぎょう》論理をもう少し入れなければ駄目《だめ》です。私はそう思います。

例えば、運輸省（現・国土交通省）。何のためにあるのかよく分かりません。国《こく》鉄《てつ》もなくなりました。許認可行政はもう要《い》りません。私はそう思います。

例えば、郵政省。何のために要るのか分かりません。クロネコヤマトもずいぶん発展しています。郵政サービスは要らないと思います。

そして、郵政省のなかでの郵便局、これもおかしいです。郵政省でお金を集め（郵貯）、大蔵省《おおくらしょう》は大蔵省で集めている（税金）。こういう二頭立てはおかしいのです。

郵便局は大蔵省のほうに置くべきです。そして、国営銀行として持つべきです。そして、税金が足りなければ自前の銀行で、国営銀行、〝大蔵銀行〟で結構だから、そこで集めた資金を運用するなり投資するなりして利益をあげて、自分たちでその必要な予算を出していく努力をしなければ駄目です。私はそう思う。それができていない。

たとえて言えば、文部省（現・文部科学省）。まあ、ガイドラインづくりぐらいのセンターはあってもいいと思います。ただ、あとは要らないと私は考えます。

たとえて言えば、厚生省（現・厚生労働省）。これも何のためにあるのかがよく分からない。医療《いりょう》保険というかたち、あれは税金です。税金を吸い上げています。税金で取れないからああいうかたちで取っています。あれもよく分からないです。

残りは外務省とか、通産省（現・経済産業省）とか、大蔵省の一部、それから自治省（現・総務省）ぐらいは少々残るでしょうが、あとは要らないです。局か小さな庁にしてしまえばいいと思います。不要です。そうすると税金はだいぶ要らなくなります。

あとは、例えば、大蔵省などでも銀行行政でずいぶん行政指導をしていますが、大蔵省に護《まも》られて、戦後、銀行はものすごく発展してきました。そして今、都銀などの利益を見れば、何千億円という経常利益があがっています。「あんなにあがっていいのでしょうか」と私は言いたいのです。それは、「政府が丸抱《まるがか》えで保護していて、あんなに利益をあげていいのでしょうか」ということです。

これはおかしいです。企業論理からいけば絶対におかしいのです。それだけの利益があがれば商品は安くならなければならない。すなわち、金利等は安く貸し付けるようにしなければいけない。この金利の自由化の問題があります。役所絡《がら》みでそれを保護して、金利を一定にしています。おかしいです。

もし、そういう行政指導をするならば、銀行は利益のなかから大蔵省に行政指導料を払《はら》うべきです。税金の代わりに払うべきです。そうしなければいけない。

もし、それをしないならば、やはり、企業と同じように金融《きんゆう》自由化のなかで自由競争をしていけばよいと思う。そうして、経営不安になるところもあるでしょうが、それはほかの企業だって一緒です。まったく同じものです。経営努力によって合理化していかなければいけない。そして、多くの人たちに、国民たちに、安いお金で活動ができるようにしていかなければならない。ああいう保護は間違いです。もう戦後の発展期を過ぎて、それは今、不要のものとなっています。

無駄なものがいっぱいあるのです。こんなものを置いておいて、そして、〝税金ばかりつくって〟います。国鉄の毎年の値上げと一緒です。こういう世の中は間違っているのです。税金は一割です。それ以上はサービスの対価として得るべきです。

そして、その範囲内でやるべきです。

これは個人でも一緒ですが、収入の範囲のなかで生活するというのは当然のことなのです。そして、収入の範囲のなかで一部を積み立てておくということが、これが徳を積むように、ちょうど、経済力をつけ、発展を生むようになっていくのです。

国家のレベルでもこうした問題はあります。

5　「私的幸福」と「公的幸福」を両輪として理想世界の建設を

みなさんは素朴《そぼく》な疑問を持たねばならないということなのです。

私たちは「真理」という名の下《もと》に「ユートピア建設」を目指しておりますが、これは決して心の世界のことだけではないのであります。心の世界のことだけではなく、地上の制度のなかにおかしいものがあったら、やはりそれを指摘《してき》したい。

そして、いいですか。「みなさんが住んでいるところが、この国が、世界がよくなる」ということはどうなることかというと、毎年毎年、住んでいて、そして幸福感が高まらなければいけないということなのです。そうでなければ、「一流国」への、「一等国」への歩みとは言えません。

こうした真理の価値は、いろいろな経済単位にも、政治の単位にも働いていくべきです。そして、国民の幸福感が増大していく方向へ方向へと持ってゆかねばなりません。

なぜ黙《だま》っているか。なぜ座しているか。私はそう思います。

「幸福」という唯一《ゆいいつ》の理念の下に、いろいろな活動を展開していかねばなりません。私たちは、単に不平不満をぶつけるわけではなく、単に批判のための批判をするわけではなく、「当然の世界」を、「当然のユートピアの世界」を必要としているのであります。

さすれば、今日より後《のち》、みなさんがたは二つの目標を持っていただきたい。明確に二つの目標を持っていただきたい。

その一つは何か。

「私的幸福の追究」という言葉で言われています。これは決してエゴイズムの推奨《すいしょう》ではありません。私的幸福の追究とは、ある意味での「悟《さと》りの追究」であり、「悟りに伴《ともな》う幸福感の追究」であり、悟りを持って、この地上に生きているときに、

みなさんの周りに展開していくこの姿を味わうこと、この経験の「幸福」でありま
す。個人として人間的に高い悟りを持ちながら、幸福感が高まっていくような生き
方、これを私的幸福の追究といいます。幸福の科学の基礎《きそ》理論です。

そして、いま一つは、今まで数多くは語ってはまいりませんでしたが、「公的幸
福の追究」ということであります。「公《おおやけ》の幸福の追究」です。

各人は自分のことだけを考えていたらいいのではない。自分の精神的幸福、心の
幸福だけを考えていたらいいのではない。もっと目を開いて、他の人々の幸福を考
えねばならない。多くの人たちの、地域社会の、国家単位での幸福とは何かを考え
ねばならない。人任せではいけない。その目を光らせ、その目を輝《かがや》かせ、そして、
いろいろなものを学び、経験し、世の中をよくしていくための提言をし、活動をし
なければならない。これも基本的な原点なのです。

自《みずか》らがそうした活動、行動をしないところにユートピアは生まれてくるわけはな
いのであり、そして、ユートピアが現れないことを「他の人のせい」や「時代のせ

い」、「国のせい」にしてはいけない。日本の国が、今、住みよくないならば、毎年毎年住みにくくなるならば、それは一人ひとりが努力していないということなのであります。

私たちは単に個人の幸福だけで止まらない。「私的幸福」と「公的幸福」を両輪として、理想的な世界をつくりたい。理想世界の建設こそ、幸福の科学の最終課題であります。

そのために頑張《がんば》っていきたいと思います。みなさんもご協力をお願いします。

第2章

人間完成への道

一九八九年八月六日　説法《せっぽう》

北海道・札幌《さっぽろ》市教育文化会館にて

1　人間完成への道は、「永遠の理想」である

幸福の科学の教えは、現代において傑出《けっしゅつ》した人をつくる教え

北海道のみなさん、初めての方がかなり多いと思います。とてもうれしく思います。比較《ひかく》的早い時期にこの北の地まで来られたことを、私もうれしく思います。

実は、私は北海道に来るのはこれが初めてなのです。初めて来まして、講演会ということで、私にとっては非常に記念すべき仕事でもあるというふうに感じています。

この北の地は、私にとって、青春のころの憧《あこが》れの地の一つでもありました。というのも、ほかならない、内村鑑三《うちむらかんぞう》とか、そういう方がこの地でかつて学ばれたということが、十年以上、心のなかに残っておりました。

使命を同じくしている者であっても、同じ時代に同じ地域で顔を合わすことは非常に難しいものであります。何十年、何百年、あるいは何千年かの時間の違《ちが》いを経《へ》て、そうして、「同じような願いを持った人間が、その地にかつて生活をし、思索《しさく》をし、そして、人間としての営《いとな》みをしていた」ということを考えることは、私たちにとっては非常に勇気と希望を思い起こさせるものだと思います。

また、私がこの地でこのようにお話しできる機会を持ったということが、やがて後《のち》に来る人たちにとって一つの希望になれば、これに勝《まさ》る幸いはない。そういうふうに感じます。

さて、本日の演題として、「人間完成への道」というものを選んでみました。かなり大きな演題です。そして、一回限りで終わるような内容ではもちろんありません。ですから、今日のお話は、「人間完成への道に入《はい》るための誘《いざな》い」、そういう内容になるのではないかと思います。

当会では、書籍《しょせき》がもう八十冊近く出ております（説法当時）。それをいろいろな角度から読まれた方が多いと思いますが、いったい何をしている団体なのか、どんなことを教えている団体なのか、全容はつかみかねているだろうと、そういうふうに思います。

しかし、あえてそれを簡単な言葉で語るとするならば、「それは、現代において傑出《けっしゅつ》した人をつくる教えであり、傑出した人を数多く出すことによって、世の中を変えていこうとする考えである」と、そういうふうに言い切ってよいと思います。

この単純な内容でありますが、今から二千六百年近い昔、インドで仏陀《ぶっだ》は「悟りたる者を出す」「覚者《かくしゃ》を出す」ということで教えを説いたわけでありますし、また同じく二千五百年近い昔に、中国では孔子《こうし》という人が「君子《くんし》への道」ということを常に説いておりました。

今この時代に「君子になれ」とは申しませんが、内容においてはまったく同じでありまます。君子への道とは、すなわち完成した人間への道であり、人間として魂《たましい》の修行《しゅぎょう》をしているかぎり、決して、その歩みを、修行を止めることができない、そういう道でもあります。「永遠の希望」であり、「永遠の理想」でもある。そのように思っていただきたい。私はそう思います。

二千年後の方にも「人間完成へのよすが」を与《あた》えるべく、学習を重視する

その出発点から考えるならば、幸福の科学で学んでいただいて、もし、その人が素晴《すば》らしくならないのであるならば、もし、よい方向に変化していかないのであるならば、もし、他の人々から見て理想的な人物へと変化していかないとするならば、幸福の科学という団体はまったく存在の意義がなかったと、私はそのように思います。

まず、個人個人に対してよき変化が起きなければならない。私たちが目指す奇跡《きせき》は、決して珍《めずら》しいものではありません。ごくごく平凡《へいぼん》であります。ごくごく平凡に私たちの教えを学び、それを実践《じっせん》した人が、必ず一歩、二歩、三歩と人生を前進させていく、そういう考え方であります。その根底において、極《きわ》めて堅実《けんじつ》な思想があ

ることをお認めいただきたい。そう思います。

というのも、もし、単なる奇跡というものだけを追求するならば、大きなものを起こすことは可能であります。可能なのです。ただ、私はあまりそういうものを好みません。なぜ好まないかといいますと、どうしても、私自身の心のなかに浮《う》かんでくるものとして、「これから二千年後、三千年後の人までを含《ふく》めた多くの人たちへの教え」という観点があるからなのです。

「奇跡の時代」は確かに素晴らしいが、その時代が過ぎ去ったときに、それは「神話の時代」になっていきます。「そういう時代も昔はあったのかもしれない。そんな〝この世ならざる時代〟があったのかもしれない」と多くの人たちは思ったとしても、やがて、それをつくりごとのように、フィクションのように考えていくようになります。自分たちの時代においては無縁《むえん》の内容であると、そういうふうに考えがちなのであります。

しかし、私は決して同時代のみなさんへのメッセージだけを携《たずさ》えて来たわけではありません。五百年後の方にも、千年後の方にも、二千年後の方にも、同じく、等しく、その「人間完成へのよすが」をお与《あた》えしたい。そう願うのであります。

それゆえにこそ、本来、もっともっと神秘がかった内容を、行動を出すことができるにもかかわらず、極めて堅実で地味な方法論を取っています。

ですから、同時代において、私がみなさんの前でお話をする時代において、「真理の学習」ということを極めて大事にしています。本来、そうした運動は、私が地上を去った後に起きてくる運動なのです。それを、私がみなさんにお話ししている段階においてすでに始めています。道を曲げたくないから、そして、「私の考えを早いうちから浸透《しんとう》させたい」というふうに願うからでもあります。

今、この時代に存在すること自体が、数千年にわたる情熱の表れ

「道を求める」という気持ちは、いつの時代も各人に委《ゆだ》ねられてきたかもしれません。けれども、そうした道を求める人が出てくる背景においては、必ずや、いつ

も、使命を帯びた一群の人々が地上に下りているのであります。必ずです。単に自《みずか》らの内にある「道を求める心」が、各人をバラバラにいろいろな時代において求めさせるわけではありません。いつも、いつの時代にも、その時代精神をつくるべく、一群の人たちが出ているのであります。

そして、本日お集まりのみなさんに特に申し上げておきたいことは、「今という時代、この日本という地に生を享《う》けているということが、いかほど難しいことであるか、知っていただきたい」ということです。

みなさんは、過去数百年の間、日本に生まれるチャンスはいくらでもあったでしょう。これから後の時代に生まれるチャンスもあるでしょう。しかし、今という時代を選ばれた。今という時代を、この地において選ばれた。それは、「この時代に新しい時代精神をつくる人が多数出ている」という真実があるのです。「その真実を知っているがゆえに、みなさんは、この時代に、この地に出ざるをえなかった」というのが真実なのであります。

みなさん自身の魂の奥《おく》に問いかけてみてください。偶然《ぐうぜん》に、この地に、この時代に生まれたかどうかを。

そうではないはずです。おそらく、強い強い願いがあって出ているはずです。それは極めて難しいことなのです。その時代に、その地域に生まれるということは、簡単なことのように思われるかもしれませんが、人類の歴史のなかで、そうした大きな高みがつくられていかんとする時代に生まれ合わせるということは、それだけでも大変なことであるのです。

「その出発点において、自らがいかに大きな期待を担《にな》って出ているか」ということを、そして、「後世の人々への大いなる希望を担って出ているか」ということを断じて忘れてはなりません。

この「時代認識」と「自己の今世《こんぜ》の人生への使命感」というもの、これなしにして心の修行などないということを言っておきたいのです。それが見抜《みぬ》けなかったら、何を勉強しても意味がないのです。

今この時代に存在するということが、存在自体が、一つの情熱の表れであるということを忘れてはならない。自分が今、存在するということ自体が、これは自分の魂のなかの数千年にわたる情熱の結果であるということを忘れてはならない。

2　「生かされている」という事実を受け入れる

三次元の現象世界は実在界から見たら「金魚鉢《ばち》」に見える

今日、この地で最初の講演会に来られる方はよほどご縁《えん》のある方だと、私は思います。

そうした機会に第一回で来られるということは、それだけの強い「魂《たましい》のうずき」があったに違《ちが》いない。そう私は思いますし、その「魂のうずき」と思っているものは、決して、みなさんが「自分だ」と思っているところの、自分の心ではないのです。

みなさんは、「自分の思いだ」と思って、今日ここに来たかもしれないが、みなさんを今日ここに導いてきた人がいるのです。それはみなさんの目には見えないかもしれない。体には感じないかもしれない。しかしながら、私たちの生きている世界は、決して、この目で見、耳で聞こえる、そして手にて触《ふ》れることができる世界だけではないのであります。

私たちの住んでいるこの三次元といわれる現象世界は、実在界からの目から見るならば、ちょうど「金魚鉢《ばち》」のように見えます。そんなものなのです。大いなる世界から見ると、机の上に置かれた金魚鉢のようなもので、みなさんがたは、この金魚鉢のなかで、この水のなかで泳いでいるところの、金魚のような存在なのです。

金魚は、金魚鉢から飛び出したら死んでしまいます。ゆえに、不自由であっても、金魚鉢という限られた世界のなかで、水のなかを泳がざるをえないのであります。それが、現在のみなさんのあり方だということを知っていただきたいと思います。

私たちを生かしめ、共に生きている守護霊《しゅごれい》という存在

そうした世界のなかにいて、みなさんは自由自在に泳いでいると思うかもしれま

せんが、実は、みなさんがより価値あるもののために、より高きもののために、より理想高きもののために行動せんとするとき、決意せんとするとき、思いを向けていかんとするとき、必ずやみなさんを励《はげ》ましている存在があるのです。

これが、みなさんがよく聞かれるところの、守護霊《しゅごれい》という存在です。守護霊というのは決して他人《たにん》ではありません。実はみなさん自身の魂の一部であります。魂の一部という言葉は耳慣れないかもしれません。聞き慣れないかもしれません。納得《なっとく》しがたいかもしれません。

ただ、私たちの存在の真実の意味を明かしたならば、決して、この三次元に出て、この肉体に宿っている存在だけが、私たちのすべてではないのです。私たちの魂はもっと偉大《いだい》な存在です。もっと偉大なエネルギー体です。もっと偉大な知性を持っています。

みなさんがたも、潜在《せんざい》意識という話をお聞きになったことがあるでしょう。「潜在意識と表面意識というものがある。そして、通常の自分は、表面意識で物事を判断し、考え、そして、それをもとに行動している」と言われるでしょう。これはそのとおりです。

しかし、そうした表面意識で生きているところのみなさんが、あるとき、思いもよらぬアイデアをもらうことがあるでしょう。それが、自分の進路に対するアイデアであることもあれば、自分の新しい仕事へのアイデアであることもあります。あるいは、それ以外に、人生の岐路《きろ》に立ったときに、進むべきか退《しりぞ》くべきか、右にするか左にするか、そうしたときに降りてくる考えもあるでしょう。

それは、脈絡《みゃくらく》もなく、あるときふと湧《わ》いてくる言葉です。考えです。心の底から湧いてくることもあれば、天から降ってくるように来ることもある。あるいは、自分自身の内から出ることなく、自分が日ごろ親しくしている人の口を通じて語られることもあります。まさしく求めていた一言《ひとこと》を、あるとき、ある人の口を通じて聞くこともあります。

そうした事実は、実は、「みなさんは一人で生きているように見えながら、実際、一人で生きているのではない」という事実を説明しているのです。みなさんを生かしめている存在があり、みなさんと共に生きている存在があるということなのです。そうなのです。潜在意識というのは無限の力があると言うように、みなさん自身の魂は、実はこの世を去った世界のなかにも何人かの「魂のきょうだい」という部分を持っているのです。

この魂のきょうだいという部分のなかで、みなさんの今回の使命を導き、アドバイスするのにいちばんふさわしい方が、守護霊という立場でみなさんを指導するのです。

それは、みなさんの次にこの世に出てくる魂であることもあれば、みなさんの直前の過去世《かこぜ》であるところの魂であることもあります。みなさんの今回の人生にとっていちばんふさわしい方が、みなさんを護《まも》っています。そして、導いています。

「多くのものを与《あた》えられている」というのが人生の真実

今日ここに初めて来られたみなさんは、なぜ来ようと思いましたか。本を読んだかもしれない。本を読んでも、来ようと思わない人はいくらでもいます。チラシが目に入ったかもしれない。ポスターを見たかもしれない。あるいは友人に誘《さそ》われたかもしれない。しかし、そういうきっかけがあったとしても、ふと、行こうと思い立った、その根拠《こんきょ》は何でしょうか。

みなさんがたをこの場に導いている人がいるということです。それを知ったときに、「自分の人生というものは深い責任を伴《ともな》っているものだ」ということを悟《さと》るに至るのです。

私も、今から八年前に霊的な力を受けるようになりましたが、思い返してみれば、それ以前にもずいぶん、導かれていたという経験をしました。それは、通り過ぎてみないと分からない事実でした。いろいろな機会に、まさしく私が転落せんとしているときに、いろいろなかたちで導きがありました。

それは、自暴自棄《じぼうじき》になりかかっているときに、ある人の語った言葉であったり、あるいは、どうしていいか分からなかったときに、ふと、書物のなかで目に留《と》まった一行の言葉であったり、あるいは、『この道が自己実現だ』と思っていたのに、その自己実現が挫《くじ》ける、「自分としては失敗する」という、その冷厳な事実そのものが、実は私を救っていたことも数多くありました。

過ぎてみなければ分からないことですが、いろいろなかたちで私自身が導かれていたということを深く感じるようになりました。

こうした経験を持たない方というのは、人生を見る際に、やはり底が浅いのではないでしょうか。私はそういうふうに思います。

人間完成といっても、上《うわ》っ面《つら》だけの生き方をしている人は数多くいます。そうした人に一人ひとり訊《き》いてみたならば、おそらくは十中八九、他人の目を意識しているでしょう。他人の目から見て、理想的なる自分というものを描《えが》いているでしょう。

そうではありませんか。どうですか。そうでしょう。

しかし、こうした他人の目でもって自己の成功ということを確認し続けなければならない心理の状態というのは、決して優《すぐ》れた段階ではないということを言っておきたいのです。

そうした気持ちで一生を終わる方はいくらでもいらっしゃるでしょう。いや、この世的に地位や名誉《めいよ》を得た方であればあるほど、他の人の見方でもって、評価でもって、自己を確認し続けるという行為《こうい》を重ねているでしょう。政界においても、財界においても、学界においても、今そうだと私は思います。

しかし、こうした外なる価値基準によって自《みずか》らを測ろうとしている人は、真に「人間完成」と言うに能《あた》わない人たちであるということを知っていただきたいと思うのであります。それはまず、「深い人生の真実」というものを知らないからです。

今言ったように、私たちの目に見えない世界、私たちが通常感じない世界であっても、そこから多くのものを与《あた》えられた存在、それが人間であるのです。多くの人に日々導かれています。きっかけを与えられています。出会いを、またさまざまな運命を与えられています。提供されています。

これに気づかずして、「この三次元はちょうど粘土細工《ねんどざいく》のようなものだ」ということで、粘土のように自分でこねて家をつくり、犬をつくり、馬をつくり、人間をつくりと自由にできて、自分の気ままに生きて、そしてこれで「ああ、満足した」と言って去ったら終わりかといえば、とんでもないということなのです。

自我力《じがりき》だけによって成功するものは「ゼロ」であることを忘れない

大いなる意味で言うならば、ある意味で言うならば、本当に私たち自身の力で成し遂《と》げえるものは「ゼロ」と言えば「ゼロ」であるのです。

これは、今まで、自己修行《しゅぎょう》、自力修行を中心に説いてきた私にとっては、非常に変わった言い方をするように、みなさんは思われるかもしれないが、本当の意味において、地上に生きている人間の自我力《じがりき》だけによって成功するもの、成し遂げえるものは、ゼロであるのです。これを忘れてはならない。

なぜゼロか。それは、少なくとも、霊的な世界、あの世の世界など考えなくても、この地上に生きている他の人との関係だけを考えても、みなさんが何かを成し遂げんとするときには、必ず他の人の存在があるでしょう。

その人たちは、みなさんに積極的に協力することもあるかもしれない。消極的に協力することもあるかもしれない。反対することもあるかもしれない。しかしながら、みなさんが人間として生きているときに、思ったこと、行《おこな》ったことの一つひとつは、他の人との影響《えいきょう》のなかにおいて必ず成就《じょうじゅ》するということなのです。他の人の存在あって、反応あって、考えあって、行動あって、初めて成就するということなのです。

さすれば、自らの道のりを、その歩みを振《ふ》り返ってみて、「自分はよくやったな」とだけ思っている人は、忘れているものが多いのではないですか。数多くのものを忘れているのではないですか。

確かに努力はしたかもしれない。しかし、「その努力を努力たらしめてくれた周りの人々の力があった。その努力を反映する場を与えてくださった人々がいた」ということを忘れてはならない。

みなさんが、たとえどのように優秀《ゆうしゅう》であったとしても、周りの人たちがみなさんの自己実現を全員で阻止《そし》しようとしたら、できるものではありません。

今、みなさんの前で私は講演をしておりますが、これは私の意志だけでできるものではありません。当然のことです。聴《き》いてくださる方がいるから話もできます。聴いてくださる方だけではない。こうした講演会を準備してくださる方がいるから、私はこの場で話ができます。

すべて、この地上で自分の意志によって自由になると思われることであっても、条件というものは必ず付いているということを忘れてはならない。その自由に付けられたところの条件は、自由の条件は、他の人々の存在から発生しているものだということなのです。

「みなさんが理想としがちである多くの人たちは、この自由というものを満喫《まんきつ》し、自分の思うがままの人生を生きて、そして自己完成をした」とみなさんは思いがちでしょう。しかし、そうではない。

この自由の条件付けられた部分、この条件は、別名、「責任」という名でも呼ばれますが、真に自己完成の道を歩んだ人は、この条件付けられた自由、「自由を条件付けているものがいったい何であるか」を看破した人たちなのです。

それゆえにこそ、より多くのことをした人が、より多くの感謝の念を持っています。その人の立場が上がれば上がるほど、多くの人を従わせるほどの力を持てば持つほど、「これはわが力にあらず、われ独《ひと》りの力にあらず」、そういう気持ちを持っています。

私は、出発点において、どうしてもこの一点をみなさんに強く強く申し上げておきたいのであります。

「大いなる力に生かされ、他の多くの人間の存在によって生かされている」という、自分のその事実をまず受け入れることです。これを受け入れることなく、いかに自分の思いや行動を発揮したところで、それは、みなさんが真に成長していることにはならないということなのです。

3 「生命の大樹《たいじゅ》」の一部としての自分

私たち人間の存在は、ミクロの目、小さな目で見たら、それぞれ独立しているように見えるかもしれませんが、大きなマクロの目、巨視《きょし》的な目で見たときに、実はそこにあるものは巨大な一本の大木《たいぼく》であるのです。

巨大な一本の大木があって、そこから無数の根が出ているのです。大きな根が出、その根からまた小さな根が出、小さな根からまた血管のごとき細い根が出ている。こういうふうに分かれ出ているのが、実は人間の魂《たましい》の真実であるのです。

みなさんは、このなかの最後のほうの小さな毛ほどの根っこの一本なのです。そういう毛ほどの根っこの一本が、「自分だけに養分が来ればいい」と、もし思ったとするならば、「自分のところにだけ水分があればいい」と、もし思ったとしたら、どうなるかです。

その巨大な大木はやがて枯《か》れていくでしょう。巨大な大木が枯れて、根だけが生き残ることがあると思いますか、一本の根だけが。そんなことはないのです。他の多くの根が水を吸い、養分を吸ってこそ、大木はますます大きくなり、そのなかの一部である自分はますますその使命感に燃え、そして力を感じ、喜びを感じるようになってくるのです。

ですから、自己完成を考えるときに、どうか、今言ったたとえを思い出していただきたい。

全人類の魂は、あるいは人類だけと言わず、動物、植物をも含《ふく》めた魂は、「これは、大宇宙的な視点から見たときに、巨大な一本の大木である」ということを忘れてはならないということなのです。

すべての生命は、私たちの三次元的な目によって見るならば、それはバラバラのように見える。一本一本の根が違《ちが》うように、一枚一枚の葉っぱが別のように、そのように違うように見えるが、より巨大な目で見たら、霊的《れいてき》な目で見たら、一本の巨大な樹《き》そのものであるということなのです。

人間がもし根っこだとするならば、植物たちは葉っぱかもしれません。動物たちはその果実かもしれない。あるいはその樹の皮の一枚一枚かもしれない。いろいろな部分をつくっています。

しかし、大宇宙に存在するところの、すべての生命体は、大きな一本の生命の樹を、生命の大樹《たいじゅ》を生かすために存在しているのだということを忘れてはならない。この生命の大樹を生かすために存在している。

水を吸い、養分を吸い、生長し、あるときは蒸散をし、あるときは光合成をし、炭酸同化をし、いろいろなことをしながら、その樹自体は生長している。

その生長の過程において、葉っぱが枯れて落ちることもある。その実が虫に食われて駄目《だめ》になることもあります。その幹に傷がつくこともあります。鳥が巣をつくることもある。根の一部が切れたり枯れたりすることもあるでしょう。いろいろなことがある。

こうした事実が、私たちが見ているところの、この世の中がうまくいっていないように見える部分、不都合《ふつごう》に見える部分です。そういう部分はあっても、全体として生き続けようとしていることを忘れてはなりません。

4　「人間完成への道」を歩むための三つの視点

さて、そうした比喩《ひゆ》によって、人間存在のあり方というものがもし納得《なっとく》されるならば、では、次にやらねばならんことは何ですか。それを考えていただきたい。

みなさんは、まさしく、この生命の大樹のなかで根の役割をしている大事な大事な部分なのです。どんな巨木《きょぼく》であっても、この根がなければ枯《か》れてしまいます。大事な部分なのです。この部分が、実は生長を支えているのです。

さすれば、やらねばならぬことがあります。それを、私は三つ申し上げておきましょう。

①偉大《いだい》なる使命感に目覚める

まず、「真の使命において、自《みずか》らが益されることはない」と考えていただきたい。

それは、「ちょうど樹《き》の根っこが水分・養分を吸い上げて、そして、押《お》し上げていくように、一時期、私たちのなかにとどまっているようには見えるけれども、とどまっているように見えるだけであって、それは、より高次なもののために奉仕《ほうし》していくものなのだ」という考えです。

利益、あるいはよきものを、素晴《すば》らしきものを自分だけが確保できるということはないということです。これを前提として知ってください。

一時期、とどまることはある。一時期、目の前を通り過ぎていくことはある。しかし、これを止めようとしたときに、生命の樹は死ぬ。その事実を知らねばならない。

これを自分のものだと思ったときに、自分のものとしようとしたときに、分断しようとしたときに、大きな生命の大樹は枯れていく。まず、これが第一前提なのです。

さすれば、みなさんは、地獄《じごく》という存在のことを聞いたことがあるでしょうが、これはいったい何なのか、想像がついてくるはずです。

本来、そのような偉大《いだい》な生命の大樹の一部を担《にな》っている私たち、
その根っこを担っている私たちのなかに、
心得違《こころえちが》いをする人間が出てくる。
〝根っこの自由〟を主張し、
自分のためだけの水分、
自分のためだけの養分を追い求める人たちが出てくる。
本来の使命を忘れ、本来の姿を忘れて、
そして自分のことだけを考え始める。

吸い上げた水を、養分を、
自分のなかにとどめておこうとする人たちが出てくる。

こうすることによってどうなる。
その人たちは知らないだろう。
知らないだろうが、はるかなる上に、樹の幹を見よ。
樹の枝を見よ。樹の葉を見よ。
そこの葉が枯れていくではないか。
そこの花が枯れかかっていくではないか。
その実が枯れかかっているではないか。
樹が伸《の》びなくなったではないか。
年輪を刻めなくなったではないか。
そうしたことが分かっているのかと、

光の指導霊《しどうれい》たちはいつも教えているのです。
しかし、地下にある根っこは、地上が見えないから、
「そんなことは自分には関係がない」と考えるようになっていく。
本来の使命を忘れ、「関係がない」と思う。
そして、自分のところだけにとどめておこうとする。
自分のところだけに、この一部分だけに、養分や水分を止めておいても、
これを流していっても、いつも一定の量が目の前にあります。
それは一緒《いっしょ》です。
その事実は一緒ですが、
使命を忘れたときに大いなる死が待っている。
生命の樹そのものの死が待っているということなのです。
これが地獄の発生原因なのです。

根っこの一本一本が、
自分のことしか、地下のことしか考えなくなって、
地上のものが苦しんでいる、弱っている、枯れかかっている。
それがあるがゆえに、
いつもいつも光の指導霊といわれる偉大な人格者たちが地上に下りて、
真実の法を説くのです。
真実の教えを説くのです。
説いて説いて、命尽《つ》きるまで説いて、やめないのです。
イエスのように十字架《じゅうじか》に架かったとしても、やめないのです。
やめない理由は、その真実を教えなければ、
全体の、この全宇宙がつくっているところの、
生命の大樹が枯れていくという危機感があるからなのです。
だからこそ、使命を教えている。

だからこそ、「自分のことを考えてはいけない」と言っている。
だからこそ、「他を愛せ」と言っている。
「隣人《りんじん》を愛せ」「隣人《となりびと》を愛せ」と言っている。
「自分のためだけに生きるな」といつも教えている。
そういう事実なのです。
これを忘れてはいけない。
決して忘れてはいけない。
これが、守らなければならない第一点です。

それは、別の言葉で言うならば、
「偉大なる使命感の目覚め」でもありましょう。
しかし、この使命感は決して目新しいものではない。
本来持っていたものだということを忘れてはならない。

本来備わっていたもの、それを忘れているというのだから、

「どれほどまでに、今、自分たちがやらねばならないのか」

「どれほどまでに、今、この使命が大事であるか」、

〝新しい使命〟に気づき、

〝本来、持っていた使命〟に気づくということ、

これは同じことですけれども、

「このことに現代人が気づき、行動するということが、いかに急務であるか、大事であるか」を考えていただきたいのです。

これが一点です。

②霊的《れいてき》仕事において能力に限界はないと知り、本来の力を解き放つ

そして、第二点がある。この第二点は、「自分は、自分の仕事を果たしておればよいということではない」ということです。

今、「根っこの使命は、水分、養分を上に吸い上げていくこと。これが使命である」と言いました。では、そのままでいいのか、やっていればいいのか、ただ「ああ、そうですか」と流していればいいのかということです。

昔、チャップリンという人の映画で「モダン・タイムス」というのがありました。そこで描《えが》かれていた人間は、ベルトコンベヤーに流れてくる機械を単純にいじり、そして、ボルトにナットを締《し》めるだけの、それだけの仕事をしているような非常に滑稽《こっけい》な人間でありました。

しかし、私たちは、ともすればそういう単純再生産のなかに埋没《まいぼつ》していくことになっていきます。当然のことだと思って、毎日毎日が平凡《へいぼん》に流れていきます。

そして、もう一つは、自分自身の限界というものを勝手に設定してしまいます。「こんなものだ」と――。「自分はこんなものだ」、そういうふうに勝手に設定してしまいます。「どうせ根っこだから、根っこの一部だから、こんなものだ」、そういうふうに思います。

しかし、そのときに考えねばならないことは、「もっともっと多くの仕事ができるのではないか」ということです。

「根っこであっても、そんな毛細血管みたいな細い根っこではなくて、もっと太いのになったらどうだ。もっと多くの人に貢献《こうけん》できるような根っこになれるのではないか。いや、本体自体を支えるぐらいの大きな根になれるのではないか。そういう可能性が本当にないと思うかどうかを、よく自問自答せよ」。そう訊《き》かれたときにどうですか。本当にないと思いますか。

あるのです。私は、人間にはものすごい能力があると思っています。

事務的な仕事でも十倍ぐらいの差があるとはいつも言っていますが、そういう仕事ではなくて、精神的な仕事において、人間のなしうる業《わざ》は、気づく前、努力する前と、その使命に目覚めて、そして全力を尽くしているときとでは、百倍や千倍ではなく、万倍、いや、もっと大きい差があります。

一人の目覚めた人が出たとき、それはもう一万倍ではない。百万人力《りき》です。そのくらいの力があるのです。そうなのです。そんなものです。

その仕事をいったい何と見ますか。それは人間一人の仕事ではないのです。精神的な仕事においては、影響力《えいきょうりょく》、伝播力《でんぱりょく》というのが非常に大きいものであるがために、人間一人は、それは考えることができないほどの大きな仕事をすることができるのであります。

私自身、もうすでに、ここ二年半余りで五万人以上の人に話をしてまいりました。テープを聴《き》いたり、本を読んだりした人を入れれば、何百万人です。それだけの人に話をしてきました。もし、個人として普通《ふつう》に生きていて、人と話をしようとしても、そんな仕事はできるはずがありません。

ただ、私は自分に与《あた》えられた使命に目覚めて、「やらねばならん」と思うから、「この努力は自分のための努力ではなくて、自分の使命に目覚めたならば、より多くの人に水分と養分を送り続けねばならん」と思うから、そう思ってやったら、わずか二年半で何百万人もの人に私のメッセージを伝えることができています。

いや、私のメッセージではありません。それは、はるかなる世界から来ているところの熱い熱い情熱であります。その情熱を伝えることができています。

ここに一千数百人が集まりましたけれども、私の今の目にはものすごく小さく見えます。少ない集まりです。もっともっと多くの人が目の前にいるのが見えます。私が話しているのは、千数百人の方ではありません。北海道に来て、今話している気持ちは、何百万人ものこの北海道に住んでいる人に話をしているつもりです。

なぜならば、私の話を聴いたみなさんは、必ず私の情熱を他の人に伝えてくれると信じているからです。だからこそ、私は、千数百人のために話しているのではないと思っています。私は今年は一回しか来ませんが、しかし、この一回で何十万、何百万人の方に語りかけをしていると思っています。

それが「精神的なる仕事」、いや、言葉を換《か》えるならば、「霊的《れいてき》なる仕事」の本質であるということなのです。人間一人の能力は有限かもしれないが、その仕事が霊的なる仕事にいったん変わったときに、火がついたときに、無限になっていくということなのです。

枯れ草一本が燃えたところで、大した炎《ほのお》にはならないでしょう。しかし、この一本の枯れ草についた炎が、他のものをも巻き込《こ》んでいったときに、それはそれはすさまじい勢いとなっていきます。ほんの一本の枯れ草についた火が、国の運命を変えていくこともありえます。

そのように、みなさん自身は、自己認識においては一本の枯れ草かもしれないが、この一本の枯れ草についた火は止まることがないということ、消えることがないということ、このエネルギーは無限に増え続けていくものであるということを断じて忘れてはならない。

ゆえに、今日みなさんに「人間完成への道」としてぜひとも言っておきたい第二点は、「霊的仕事において、能力に限界はないということを知れ」ということです。

三次元的な仕事には限界があるかもしれない。

しかし、いったん使命に目覚めたときに、その仕事には限界がない。

時間において数百年、数千年、いや、それ以上の時系列を流れていく力となり、空間において日本を超《こ》え、世界に広がっていく力となっていく。

これは素晴らしい事実です。

これを知らねばなりません。

ゆえに、私は二番目の人間完成として、「どうしても自己の本来の力を解き放たねばならない、解き放つしかない」、そう言っておきたいのであります。

③日々に智慧《ちえ》を蓄《たくわ》える

そうして、三番目に言っておきたいことがあります。この霊的エネルギーは、解き放たれたときに燎原《りょうげん》の火のごとく燃え広がっていきますが、「その情熱のなかにあって、しかして智慧《ちえ》ある者であり続けよ」ということであります。

「情熱」は、この地上における偉大なエネルギーであります。いや、この地上において偉大なるものを成し遂《と》げるための唯一《ゆいいつ》のエネルギーでもありましょう。

この唯一のエネルギーが情熱であると言ってもいいですが、この情熱をさらに素晴らしいものに、さらに高度にしていくものに、「智慧」がある。

情熱は、その広がりの過程において、数多くの経験をみなさんに与えるでしょう。みなさんは、今まで手にしなかったような多くの経験を自分のものとするようになるでしょう。そして、この経験がみなさんがたの知識に力を与えます。「知識」に「経験」という名の力が加わったものを、「智慧」といいます。

みなさんは、知識は持っておられるでしょう。書物を読まれたり、いろいろな話を聴かれたり、あるいは学校で勉強されたことも含《ふく》めて、知識は数多く持っておられるだろうし、いや、日々、それは増えていき続けていると思います。

しかし、知識は知識だけでは力にならない。それを忘れないでいただきたい。知識はあくまでも素材にしかすぎない。もちろん、この素材は常に常に供給をされなければ、その力を減じていくことになりますが、知識は素材にしかすぎない。この素材をして力あらしめるものは情熱であり、情熱を契機《けいき》として得られるところの経験であります。

ゆえに、ここに、情熱と一体となった知識、その意味での智慧というものを大切にしていただきたい。

それは、「去年のあなたより、今年のあなたが数段優《すぐ》れた智慧を持っている存在にならねばならない。今年のあなたより、来年のあなたが数段智慧を持っていなければならない」ということです。

智慧を持つということは、数多くの人々を正しい方向に導けるようになるということです。単なる知識では、それだけの力がない。情熱だけでもそうです。情熱は燃え広がる炎のようでありますが、その方向性が一定ではない。その広がり方が、自分の思いと必ずしも一致《いっち》はしない。しかし、智慧がそこに加わったときに、この情熱の炎は仕事をし始めます。非常に素晴らしい仕事を、建設的な、積極的な、そして、目に見えて世の中がよくなっていくような仕事を、必ずや開始していくのであります。

ゆえに、みなさんは日々に智慧を蓄《たくわ》えていかねばなりません。その智慧は、みなさんだけの独自の宝であります。

しかし、この智慧は、座して書物を読んでいるだけでは決して湧《わ》いてこないものであります。単に話を聴いているだけでも湧いてこないものであります。それらはあくまでも材料にして、これを火にかけたときに、鉛《なまり》が転じて、そして金《きん》となる。そういうものなのです。純金になっていくのです。

ゆえに、本年より後《のち》、いや今日より後、真理の知識を吸収することは当然ながら、それは「情熱」という名の行動を伴《ともな》い、「知識と行動」が、あるいは「知識と経験」とが、唯一の素晴らしい珠《たま》のごとき「智慧」を生み続けねばならない。

智慧は智慧で、また大きな仕事をしていきます。それは、ちょうどあの大きな歯車を回すときの仕掛《しか》けにも似ていると言えましょうか。

私たちは、智慧がなければ、エネルギーを同じ方向にしか動かすことができません。しかし、大きな機械を見てください。いろいろな歯車の組み合わせによって、一定の方向の力を右にしたり、左にしたり、上に上げたり、いろいろな角度に動かしています。そうであってこその本当の仕事なのです。

情熱だけであれば、方向性は定まりません。あるいはまっしぐらでしょう。ところが、これに智慧が加わったとき、ちょうどあの数多くの歯車がいろいろな方向に力を展開していくように、各方面にいろいろな影響を与えることができるようになるのです。

永遠の修行《しゅぎょう》として「正しき心の探究」をやり続ける

こうして、基本的な三つの原則が出揃《でそろ》ってきたと思います。

第一には、まず、「〝自分一人のもの〟というものはないのだということ、大いなる使命に奉仕するための自分というものがあるのだということを知れ」ということでした。

第二には、「情熱という力によってなしうる霊的仕事は無限界である」ということ、そういう話をしました。

第三には、「この無限の力を持つものに、智慧という名の歯車によって方向性を与えたとき、さらに高度な仕事ができるようになる」という話でありました。

これが出発点であり、基本であるわけです。

しかし、これだけでは、まだまだ「人間完成への道」を歩んでいるとは言えません。この三つの視点を常々確認しながら、さらに心掛けてほしいことがあります。それが、「自らの心の探究」という視点なのです。

人間には心があります。いや、この「心がある」という表現は適切ではありません。「人間には心しかない」と言っても間違いではないのです。みなさんが死んで持って還《かえ》れるものは心しかない。これしか持って還れないのです。かけている眼鏡《めがね》も、ワイシャツも、ネクタイも、絶対に持って還れないのです。持って還れるのは心しかないのです。

ゆえに、人間の使命としては、この心をよくしていくしかない。修行《しゅぎょう》としては、これをよくしていくしかないのです。

よって、先に述べた使命感に加えて、この心の探究ということを決して忘れてはならない。それを幸福の科学では「正しき心の探究」という名前で呼んでいます。

この正しさは、そう簡単には分からないでしょう。それは別名において「神の心の探究」であるからです。人間であるわれらが神の心の探究をしているからこそ、その正しさは一様でなく、その正しさに限界がなく、深めても深めても完全に分かり切るということはできないが、しかして、そうした永遠の向上の過程にまた私たちがあることも真実であります。

ゆえに、みなさんが人間として優れたものになっていくために、この「正しき心の探究」において、どうしても確認しておかねばならん部分を、今日言っておきましょう。

第一は、「マイナスの考えは持ってはならない」ということです。マイナスの考えとは、例えば他人《たにん》を害する思いです。また、自分自身を害する思いでもあります。

愚痴《ぐち》とか、不平不満とか、嫉妬《しっと》、猜疑心《さいぎしん》、いろいろあるでしょう。これは、考えつけば無限に出てくるはずです。このマイナスの思いを持たないようにコントロールせよ。これが正しき心の第一点です。

第二点は、「もしマイナスの思いが力を得て、口から、手から、足から、行動から出てしまったときに、すぐこれを反省せよ」ということです。間違った思いが具体化したら、ただちに反省をせよ。そして、二度と同じ行為《こうい》は、二度と同じ言動は取らないように心せよ。これが第二のチェックポイントです。

まずマイナスの思いを出さないように努力し、出た場合にはすぐ反省するということを習慣づけよということです。

そして、第三に言っておきたいことは、「心の垢《あか》を落とすという作業は、一回きり、一瞬《いっしゅん》だけでは決して終わらない。自分がどのような立場になっても、どのように偉《えら》くなったとしても、どのように悟《さと》ったと思ったとしても、その段階から曇《くも》りが生じるということを忘れてはならない。ゆえに、自らの心の鏡というものは日々磨《みが》き続けねばならんということを決して忘れてはならない。常に心は磨かねばならんということを忘れてはならない。立場によって、地位によって、あるいは役職によって、あるいは他の人からの称賛《しょうさん》によって、合理化されることはない」ということです。

私自身も、日々自らの心の鏡を磨き続けています。曇りが生じたと思ったら、すぐ反省しています。今日、みなさんの前でお話ししていますが、昨夜、夜中にも、やはり一時間以上、私は反省をしておりました。

人の上に立てば立つほど、この反省は厳しくなるのです。立てば立つほど、鏡を曇らせるものが多くなる。これは永遠の修行としてやっていかねばならんのです。

みなさんも私も、人間であるかぎり終わることはないということ、そして、この永遠の作業を続けていく過程において、また人間は完成への道を歩んでいるということ、これを忘れてはならんと思います。

以上が今日の講演です。ありがとうございました。

第3章

人を愛し、人を生かし、人を許せ

九州連続セミナー
一九八九年九月九日　説法《せっぽう》
福岡《ふくおか》県・宗像《むなかた》ユリックスにて

1　私の思想の核《かく》になる言葉

人の心から心へと、「温《あたた》かいもの」は流れていくもの

今日はセミナーですが、大勢が見えたので講演会のようになっています。一般《いっぱん》の方も何百人かいらっしゃるかと思いますが、基本は会員対象の話ということになります。

幸福の科学は、もともと非常にアットホームな感じで始まった団体です。非常に透明感《とうめいかん》のある、また、人々の心の触《ふ》れ合いが十分にある団体であります。

しかし、いかんせん、発展というものは厳しい面もありまして、だんだん大きくなるにつれて、さまざまな仕事も増えてまいりましたし、効率・能率を重視する考え方も強く出てまいりました。

そういうところで、私自身、極《きわ》めて不本意な部分も現在あるのですが、支部の活動を見てみますと、「もともとの、ちゃんとした伝統というのが残っているな」と思って、うれしく感じた次第《しだい》です。

また、主として東京で活動をしている私たちも、そうした初心を忘れないでやっていきたいものだなと深く反省されたことでありました。

基本は、人の心から心へと、「温《あたた》かいもの」というのは流れていくものでありま す。これを失ったら最後だというふうに私は思っています。書籍《しょせき》を出して、いろいろな人に活字を通して語りかけていますが、原則は、やはり人対人であって、直接お顔を見させていただいてお話をするのに勝《まさ》るものはない、そう感じています。

霊界《れいかい》通信を受けて、最初に教えとして私に臨《のぞ》んだ言葉

さて、本日の演題は、「人を愛し、人を生かし、人を許せ」という題名を選んでみました。これは、私にとっては非常に懐《なつ》かしい、また勇気が出る、そして、心が

原点に帰っていくときにいつも思い浮《う》かんでくる言葉でもあります。

今からもう九年近い昔になります。私自身、まったく異質な環境《かんきょう》下で、こうした仕事などをするということも想定しないような生き方をしていたのですが、それが「突然《とつぜん》」と言っていいような状況《じょうきょう》で、異次元の世界とでも申しましょうか、地上を離《はな》れた世界からの通信というものを受け取るようになりました。

それは、降って湧《わ》いたように私の前に現れた現実でありました。

後年、いろいろな書物を読むにつれまして、他の方にもそうしたことがあったのだなと思えることは、目にすることができるようになりました。

例えば、矢内原忠雄《やないはらただお》という方も、東大（旧制一高）に入る直前になって、急に心がキリスト教のほうに向いて、そちらの方向に深くのめり込《こ》んでいくということを経験されたようであります。

インドの聖女といわれるマザー・テレサも、あるとき、列車のなかに乗っていて、イエスの声を聞いて自《みずか》らの使命を悟《さと》って、あのような活動を開始されたというふうに聞いています。

そうしたことは、書物の世界であるとか、あるいは遠い昔にはあったとは聞いていましたし、それを疑う気持ちもありませんでしたが、いざ、私自身がそうした経験をするにつれて、これをどういうふうに考えたらいいものか、困りました。特にそちらの方面に対する準備もなかったというのが真相でありました。

そういうことで、最初の霊的《れいてき》な啓示《けいじ》が私に臨《のぞ》んだときには、一つの驚《おどろ》きであったことは事実です。

手元にはレポート用紙ではなくてカード用紙があったので、それを取って、「何かが始まるな」という予感がしまして、鉛筆《えんぴつ》を握《にぎ》って待っていたところ、いきなり手が動き始めた。その手の動きは、明らかに私の手の動きではなかった。そして、書いた言葉が、最初は「イイシラセ」というカタカナの言葉でした。それが一枚目の紙の上に書かれました。

二枚目に、めくりましてまた書こうとして、また「イイシラセ」と書かれたのです。三枚目を書いても「イイシラセ」、何枚書いても「イイシラセ」で、「イイシラセは分かりましたから、ほかに何かありませんか」と言ったら、また「イイシラセ」と書かれまして、その日はそれで終わりましたが、「これから、いろんなことが身の回りに起きてくるのかな」という予感というものが強く感じられました。

そのあと、しばらく一週間ぐらいは、そうした霊界《れいかい》通信らしきものを受けて、どういうふうに判断していいのかが分からなかったのですが、次第しだいに、そうした現象そのものにも慣れてまいりまして、そうして、私と、この世界にいない人との対話というものが始まってまいりました。

そのときに、いちばん最初に教えとして私に臨んだ言葉が、今日の演題である「人を愛し、人を生かし、人を許せ」という、この言葉でありました。これが最初の教えであるというふうに伝えられました。

「人を愛し、人を生かし、人を許せ」から「愛の発展段階説」へ

そこで、このことについて、何カ月も私自身は考え込んだわけなのです。これが、どうやら私の今世《こんぜ》の仕事を表すことらしい。そういうことを知ったわけです。どうやら、「人を愛し、人を生かし、人を許せ」という、この一行の言葉が、私の今世の仕事の内容らしい。そして、これが、私が今後いろいろな思想を出していくとして、その思想の核《かく》になる言葉であるらしい。このことを悟ったわけであります。

そして、この一行の言葉を、私は三年近く考え続けました。霊的現象はいろいろと臨んでまいりましたが、その間《かん》、商社という世界で商社マンをやりながら、この「人を愛し、人を生かし、人を許せ」という言葉を何度も何度も心のなかでつぶやきながら、「いったい自分に何ができるのだろうか。どうせよと言うのだろうか」と考え続けました。

それはまるで禅問答《ぜんもんどう》にも似て、単にこの言葉しか与《あた》えられなかった。「それをど

う解釈《かいしゃく》し、どう実践《じっせん》するかは、おまえの仕事だ」としか言われないのです。今の私のこの立場、この仕事、この環境でいったい何ができるだろうか、実践を積みながら考えに考え続けていきました。

やがて、二十七歳《さい》のころだったと思いますが、この一行の言葉が、次に「愛の発展段階説」という思想のほうに固まってまいりました。三年間ぐらい考え続けて、そして、練ってきた思想が、「愛には発展の段階がある」という思想に到《いた》りました。

そして、この「愛の発展段階説」というのは『太陽の法』（前掲）に書かれています。これは私の代表的な本の一つですが、この思想が固まったあたりが、実は次の二段目の段階であったというふうに思います。

この「愛の発展段階説」ができるまで三年、それができてから実際に私が世に立ってみなさんに話を始めるまでに、あとこれから三年かかっています。その間いつも、基本にあったこの言葉を考え続けておりました。それは「これを中心に、いかなる考え方が発展していくのか、いかなる行動が出てくるのか」ということでした。

2 「奪《うば》う愛」から「与《あた》える愛」へと、ものの見方を変える

見返りについては一切触《いっさいふ》れていない「利他《りた》の教え」

しかし、「人を愛し、人を生かし、人を許せ」という、この三つの言葉は、考えれば考えるほど、一定の方向を示しているということが明らかになるのであります。「人を愛せ」ということも、「生かせ」ということも、「許せ」ということも、分から他の人に対する積極的な働きかけ、アプローチを意味しています。そして、自分自身に対する見返りのようなものについては一切触《いっさいふ》れていないのであります。

「利他《りた》の教え」と言ってよいでしょう。これしか語っていないのであります。

ところが、今から九年前、二十四歳《さい》のころの私は、まったくこの逆であったのです。「愛されたい。生かされたい。許されたい」――そういう私であったのです。

私が欲《ほ》しいのは、ほかの人の愛です。ほかの人に優《やさ》しくしてほしい。ほめていただきたい。「あなたって素晴《すば》らしいね」と言われたい。これが欲しくて苦しんでいるのに、そのベクトルがまったく百八十度変わるがごとく、〝逆《さか》さまのこと〟を言われたのです。「それをして何の得があるのだろうか」という気持ちもありました。「人を許せ」とおっしゃるが、人を許すというよりも、世の中を見たら、矛盾《むじゅん》だらけ、悪いことだらけ、腹の立つことだらけであり、いったいこんなことをどうして許せようか。義憤《ぎふん》に燃えていたわけです。「このまま世の中を許してはいけない。何とかして世の中を裁かねばならない」と、こう思っていたのであります。

しかし、言われたことはまったくの逆でありました。

ちょうど、この言葉を与《あた》えられる半年ぐらい前から、私自身、非常に内省的といいますか、自分の内を省《かえり》みるという機会が多くありました。

「他の人から与えられることが幸福」と思っていた自分に気づく

私は何をいちばん悩《なや》んでいたのかと考えてみると、主として二つのことであったなというふうに思えたわけです。

一つは、自分の自己実現の問題であったと思います。自分の才能を伸《の》ばして、思うがままの人生を切り拓《ひら》いていきたいという気持ちが非常に強かったのです。ですから、自分が理想を描《えが》くとおりの自分になっていきたいと思ってやってきたのですが、現実はそのとおりにまったくならないのです。いろいろなことで挫折《ざせつ》をするようになってきます。道が曲がっていくのです。

もう一つは、愛の問題です。先ほど、愛が欲しいと言いましたけれども、ごく自然に大人になってきた人間であるならば、やはり、人から愛されたらうれしいものです。それは当然でしょう。みなさんも当然そうでしょう。

ところが、青春期においては、その逆のことが多いのです。与えられないと思って苦しむことが多い。

そして、その心境そのものを、自分で今分析《ぶんせき》してみるとするならば、やはり幸福の科学の現在の考え方とは逆であって、私には、人から与えられたものは非常に小さく軽く見る傾向《けいこう》がありました。そして、自分は「それが欲しい」「そういうふうにしてほしい」と思ったのに、それが妨《さまた》げられたとき、思ったように与えられなかったとき、非常に悔《く》やんだり、挫折感があったり、悩みが深くなったりして、不幸感覚が強かったのです。そして、私自身はそれをごくごく普通《ふつう》のことだと思っていました。

十歳のころから詩を書くのが好きで、ずいぶん詩を書いていたのですが、そういう性格の人というのは鋭敏《えいびん》なのです。いろいろ感じやすい。感じやすいというが、いいことを感じやすければいいけれども、たいていの場合、逆であって、悪いことを感じやすいのです。

そして、悪いことを感じていろいろなことで傷つき、毒々しい膿《うみ》のようなものを文章に書いたり詩に書いたりすると、すっきりするのです。そういう傾向が私自身にもあったように思います。

そして、人がほめてくれても素直に喜べない。逆に、ちょっとでも腐《くさ》されたり悪く言われたりすると、棘《とげ》が刺《さ》さったような感じになる。二年も三年も、あるいはそれ以上、刺さった棘が抜《ぬ》けない。こういう状況《じょうきょう》です。

振《ふ》り返ってみると、いろいろな人がいろいろな条件下でいろいろなことを言っていますけれども、それは必ずしも、本当に自分に向けられた悪意ではないことがよくあります。何の気なく言った言葉、ふと思いついて言った言葉、それほど責任の自覚のない言葉が、ある人の胸には、突《つ》き刺さると何年も何年も抜けないままで、苦しむことがあります。

自分がしゃべる場合でもそういうことが多いわけですから、ましてや、「ほかの人も同じように考えてもいい」と思いつけば、それまでのことなのですけれども、それがそう簡単にできない。

そして、深い挫折感のなかにありました。そして、そのときに感じていたことは何であるかというと、いかに自分が惨《みじ》めであるかという気持ちであったと思います。そして、取るに足らない存在のように見えてまいりました。「何ゆえにこの世に生命を享《う》けたのであるか」「こんな無様《ぶざま》な人間であるならば、生き方をするのであるならば、何ゆえに出てきたのであるのか」、そういうことも深く感じました。

しかし、やがて、この「人を愛し、生かし、許せ」という言葉に接して、私自身が目覚めたことは、「実は、自分自身が追い求めていた幸福というものは、違《ちが》っているのではないか」ということだったのです。

今までは、確かに、他の人から与えられることが幸福と思っていた。要するに、他人《ひと》様から称賛《しょうさん》されたら、ほめられたら、幸福。また、ほめられることが自分でも納得《なっとく》できるような、そういう状況に自分があったら、幸福。まあ、こういう気持ちであったところが、「人を愛し、生かし、許せ」という、この三つの言葉のなかには、そういう方向性がまったくないわけです。

「愛を与えた部分」と「与えられた部分」を思い出して並べてみる

ちなみに、自分の過去を振り返ってみて、「いったい自分は、他の人を愛するようなことをしたことがあるだろうか。したことがあるかという以前に、思ったことがあるだろうか」、そう考えてみたところ、あまり思い浮《う》かばないわけです。

逆に、考えれば考えるほど、いろいろな方からしていただいたことばかりが出てくるわけです。もちろん、父や母の恩というのがいちばんに出てきます。それ以外にも、友人であるとか、先生であるとか、いろいろな方々にいろいろなことをしていただいたということだけは、次から次から出てきたのです。

自分がしたと思うことは、そうした人たちの協力に支えられ、あるいは、そうした人たちが環境《かんきょう》を提供してくれたことに支えられて、真面目《まじめ》に勉強した程度のことであった。それは、あくまでも「自分自身に評価が返ってきて自己満足をしたい」という気持ち、「自分が偉《えら》くなったらうれしい」という気持ちが強かった。そう思い至ったわけです。

そこで、幸福の科学でもよく〝貸借《たいしゃく》対照表〟と言っていますけれども、「愛を与えた部分」と「与えられた部分」とを書き分けてみたらどうなるかと思い、心のなかで思い出して並べてみたら、与えたほうというのは思い出すのが難しい。「ああ、こういうことで喜ばすようなことをしたな」というのは、たまにしか出てこない。しかし、してもらったことというのは、いくらでも、考えれば考えるほど山のように出てくるのです。

「こちらがしてあげたこと」というのは、確かにいいことをしたのでしょうから、プラスでしょう。「してもらったこと」というのは、他人《たにん》からもらってばかりですから、どちらかというと借金に当たるでしょう。マイナスでしょう。このプラスとマイナスを書いたらどうなるかと思ったら、私は「このままでは死ねない」と思ったのです。

それまでは、そんなものの考え方をしたことはなかった。例えば勉強なら勉強で、できていい成績を取って、人から「すごいな」と言われたら、もうそれで偉くなったような気持ちになる。そして、そういうふうに注目されるような自分になれば、それだけで、もう〝人生は完成した〟、あるいは〝卒業した〟ような気持ちになる。ところが、考え方がそういうふうに変わってみると、「これはまことに恐《おそ》ろしい人生である」と感じたわけです。

愛を奪《うば》って生きるなら、蚊《か》や蛭《ひる》のように人々から嫌《きら》われて当然

思えば、地上に五十億の人がいる（説法当時）。日本にも一億以上の人がいる。もし、それぞれの人が、人からしてもらったことと、してあげたこととを書き分けてみて、そして考えたときに、どういうふうになるだろうか。

もし、してあげたことがほとんどなくて、してもらったことばかりだったら、この世の人間の集団というのは〝借金の集団〟のようになってしまうなというふうに感じました。

実は多くの人から愛を奪《うば》って生きている吸血鬼《きゅうけつき》、そんな存在ではないのか。田んぼのなかに入ると、ヌメヌメした蛭《ひる》というのがいます。脚《あし》の脛《すね》とかに吸いついて血を吸っていきます。私たちは非常に嫌《いや》な感じがします。なぜ嫌かというと、生産的な仕事を何もしないで、いきなり人の血を抜いてくるからです。そして、痛みを与えて、自分は肥え太るというのはまことに気に食わないのです。

蚊《か》がなぜあれほど嫌がられるかというと、やはり、人が一生懸命《いっしょうけんめい》働いて食べてつくった血をスッと抜いていくからです。お金でも置いていけば許せるのですが(笑)、何も置かずに、スッと来て目につかないうちにサッと抜いて逃《に》げようとする。あれを見ると、嫌だなと思うでしょう。

もし、それが人間の共通心理だとするならば、そして、人間のなかにも、そうした蛭とか蚊のような存在はいるはずですが、他人の一生懸命努力してつくったもの、出来上がったものをスッと抜いていくだけで、自分自身は何も生み出さない、そうした人間であったならば、どうであろうか。嫌《きら》われて当然です。

「なぜ他の人から愛を与えられないのか」「もっと称賛を受けられないのか」「ほめてもらえないのか」「どうしてこんな結果しか出ないのか」ということばかり、「くれない」「与えられない」「もらえない」ということばかりを考えていた人が、もし、蚊とか蛭のような、あんな存在だとしたら、それ自体で嫌われても当然です。嫌われて当然で、そういうことを愚痴《ぐち》るということは、まことに間違った考えであったわけです。そうしてみると、人々から与えられなかった理由はよく分かるでしょう。

いくらお人好《ひとよ》しだからといって、蚊をいっぱい集めて、どうぞ吸ってくれという人は、そんなにはいるわけではない。

そのとおり。蚊のような人は、嫌われます。その嫌われるというのがもう少し柔《やわ》らかいかたちで出てくるならば、「自分の願いどおりに与えられない」というかたちになるでしょう。

「与える愛」と思っていても、実際は見返りを求めていないか

　また、青春期ですから、決して一般《いっぱん》的なことではなくて、男性・女性という関係でも、もちろんあるでしょう。異性の愛がいちばん欲しいころだと思います。

　そのころに、「与えられない」ということで悩むが、その実、実際、自分はどれだけのことを相手にしてあげたかというようなことを考えたことがあっただろうか。たまに何かをしてあげたということがあったとしても、そのときには、必ず見返りを求めていたのではないでしょうか。「自分はこういうことをした。それなら同じものが返ってきて当然。なのに返ってこない。だから、おかしい。悔《くや》しい。悲しい」という、こういう考えばかりであった。そういうふうに思います。

　ですから、今みなさんのなかにも、「与える愛」と思っていても、実際は、お返しをもらうつもりであげている人もいるはずです。そういう場合、返ってこなければ、即座《そくざ》に苦しみに変わります。その愛が苦しみに変わっていきます。それは本当

の愛ではないからなのです。ちゃんとお返しをもらうことを考えてやる愛というのは、本当ではない。

それを分かろうと思えば、お中元とかお歳暮《せいぼ》を考えたらいいのです。お返しを考えて、お中元、お歳暮を贈《おく》っているなら、どうでしょうか。そんな人は素晴らしい感じがしないでしょう。自分がお世話になった人に何とかお礼をしたくて贈るのが本筋《ほんすじ》です。たまたま、お返しということはありますが、お返しを狙《ねら》って贈っている人というのは、そんなにはいないはずですし、そういう人がいたら、それはおかしいでしょう。おかしい。そう思ってもおかしくないでしょう。

ところが、そうしたお中元やお歳暮なら話が分かるが、それ以外のもっと精神的なことになってくると、まったく違ってくるのです。お返しが欲しくなる。そのように、発想が逆になってくるわけであります。

今ここにいらっしゃる千数百人のみなさんも、自分自身を振り返ってみてどうでしょうか。「他人にしてあげたこと」と「していただいたこと」とを比べてみると、どうでしょうか。これが同じぐらいあって、私は、やっと人間として存在が許される限界だろうと思うのです。

しかし、「してもらったこと」のほうが多く、バランスが取れなかった場合には、今回マイナスの人生を生きたということであり、多くの人に迷惑《めいわく》をかけて生きてきたということだと思うのです。

多くの人々のお役に立てる人間になることのなかに、幸福感がある

他の人から受けたものというのは、本当に大きいのです。しかし、自分のお返しというのは、実に小さなものです。そう考えたときに、私はふと思いを改めてみました。

自分が幸福と思っていたことは、単に書き出してみれば、「これが叶《かな》えられたい」というように、幾《いく》つかの箇条書《かじょうが》きにはできるでしょう。そうしたことが満たされることだけ、そして、それを手に入れるということが幸福だと思っていたが、もっと

もっと大きな幸福があるのではないだろうか。

人が幸福を感じるときというのは、自分の存在感が非常に強いときです。別の言葉で言うならば、「自己が拡大している」という感じを受けるときだと思います。自分というものの存在が大きくなっていくときです。

自分が認められたいという気持ちは、実は「自己拡大の思い」でしょう。しかし、本当に、その「自己拡大の思い」というのが本物であるならば、その「自己拡大の思い」は、他から奪おうとすることによっては本当は達成できないのです。それは、自分のえぐれているところを何とか埋《う》めようとするだけの努力にすぎないからです。

本当の意味で自己拡大をしようとするということは、自分自身の魂《たましい》の一部を、精神の一部を、心の一部を、他の人々のなかに種まきをしていくということ。他の人々に、自分の生き方・考え方というものによって、影響《えいきょう》を与えていくということ。これが本当は大事なことなのです。

普通は、「与えたら損をし、もらったら得をする」と思うのだけれども、実際は、心の世界のなかにおいては、与えれば与えるほど、それは「自己が拡大している」ということにほかならないのです。

例えば、千五百人の方にお話ができるということは、私にとっては一つの自己拡大だと思います。千五百人の方にお話ができるということは、それぞれの人の考え方に影響を与えられるということです。それぞれの人の人生に何かを付け足すことができるということです。それは、私自身が自分の人生に何かを付け足したいと思うことよりも、はるかに大きな自己をつくっているのと同じことになるのです。

ですから、本当に、真に自分を生かそうとすることは、実は自分自身の保身を図《はか》ることのなかにはないのです。そんなことによって得られるものは、実に小さな満足にしかすぎない。本当の意味での幸福が、「自分を、無限に有用なもの、役に立つものであり、真に素晴らしいものと思って、その拡大感・発展感を味わうもの」だとするならば、多くの人々に真にお役に立てる人間になっていくことのなかに、幸福感があって当然なのです。

それでこそ、本当の意味での、〝真の意味でのエゴイスト〟なのです。そう思わなければいけない。みんな、小さな自分に満足しすぎている。自分のことを考えるならば、もっと観を転回し、自分のものの見方を変えていかなければ駄目《だめ》です。

そういうことに気がついてきたわけなのです。これが基本的なものの考え方でした。

3 「人を愛する」ということとは

与《あた》える愛を実践《じっせん》するのはそう簡単なことではない

ところが、この「人を愛する」ということは、言うことは簡単だけれども、「実《じっ》践《せん》してみよ」と言われたときに、これは難しいことです。みなさん、どうでしょうか。実践しようとしてみたときに、これは実に実に難しいことなのです。

みなさんがすぐに思いつくことというのは、どういうことですか。電車のなかで席を譲《ゆず》るというぐらいのことではないですか。あるいは、小さな子供が転んだりすると、助け起こしたりとか。こうしたことはすぐ思いつくかもしれませんが、それ以外に、毎日の生活のなかで、人を生かすとはどういうことかと問いかけられたときに、これに答えることは難しいことです。難しいのです。

本を読んでも書いてありません。「人を生かすとは、愛するとは、こういうことですよ」ということを羅列《られつ》して書いてある本はありません。それは、自分自身で発見していかないといけないのです。

そうしてみると、自分は例えば夫を愛していると思っていたが、この愛は、本当に今私が言っているところの愛と一致《いっち》しているのだろうか、どうだろうか。考えてみると違《ちが》うところもある。そういうふうに思いませんか。

自分は一生懸命《いっしょうけんめい》、愛を注いでいると思っていたかもしれませんが、それは二つの観点から問題があるということに気がつかないでしょうか。

一つには、「これだけ自分が夫に対して尽《つ》くしたら、当然それだけの見返りは来るはずだ」というふうに考えていたのではないか。

あるいは、与《あた》える愛と思いつつも、相手を一生懸命、縛《しば》っていたのではないのか、縛っていただけではないのか。愛という名の言葉で、相手の行動や思いに枠《わく》をかけていただけではないのか。

そういうことに気がつかないでしょうか。これは、言われてみないと分からないのです。

親の、子に対する愛でも一緒《いっしょ》です。愛していると称《しょう》しながら、その実態はいったい何であるかというと、心配するということ、これだけを一生懸命、習慣にしている人がいます。

その心配の内容は何か。口から発せられた言葉を聞いてみると、とにかく、「うちの子は事故を起こすのではないか。試験で失敗するのではないか。悪い子になるのではないか」という、こうした悪い予想ばかりをいつも口にして、そして、心配していることをもって愛だと思っている。そういうことがよくある。

その心配は、本当にその子供のためになされているのかと考えたときに、必ずしもそうではないはずです。よくよく考えていただきたいのです。自分のために心配しているのではないですか。「そういう事態が起きたら自分が困る」というふうに考えているのではないですか。「そうなってもらったら困る」ということをいつも考えているのではないですか。

例えば、受験期のお子さんを抱《かか》えている方であれば、「うちの子が受験に失敗すると困る困る」といつも考えている。そして、実際に落ちるのではないかと心配しているが、本当にその子の将来を考えて、そう思っているのか。自分自身が、例えば、その子が落ちたら周りに対してあまり格好がよくないとか、あるいは、自分がその後一年間余分に苦しまねばならないとか、心配しなければならないとか、そんなことで思っていることも多いのではないだろうか。もっともっと純粋《じゅんすい》に、本当に相手のために考えているという意味での愛というものを発揮したことがあるのだろうか。

こういうふうに考えていくと、幸福の科学の出発点であるところの「愛を与える」という考え方であっても、極《きわ》めて難しいということがお分かりになると思います。それは難しいことなのです。実際そう簡単なことではありません。

「愛の思いを発することによって、人生は変わり始める」と知る

しかしながら、「知る」ということが出発点になります。「愛を与えるということが、一つのこれも修行《しゅぎょう》の目標であり、また、愛の思いを発することによって、人生は変わり始める」ということを知ること。これが一つの出発点であり、第一歩であるのです。

私は、この理論が、考え方が、正しいということを身をもって体験いたしました。他の人から称賛を受けたり、尊敬されたり、優《やさ》しくされたりすることを求めるのではなく、「多くの人たちのために少しでも役に立つことをしよう。他の人たちが喜ぶようなことをしようと思い、少しでもほかの人が笑顔を持てるようなことをしよう」と決意して生き始めたとたん、人生は変わっていき始めました。

私は、他の人のほめ言葉を欲《ほ》しいと思いません。称賛も欲しいと思いません。感謝も受けたいと思いません。

しかし、実際に、多くの人のために生きようと決意して、その第一歩を記《しる》し、第二歩を記したら、私の身の回りには「まったく違った光景」が出てまいりました。それは、多くの人たちが私を助けてくれるという事実でありました。私の考え方に賛同してくれる方がいっぱい出てきたという事実でありました。これはまことに不思議なことです。

自分のために生きようとしたら、他の人は助けてくれようとはしない。ところが、他の人のために生きようとしたら、他の人が助けてくれるのです。まったく逆のことが起きてまいりました。不思議であります。

これは、まことにまことに不思議なことなのですが、やはり一つの法則であると言ってよいと思います。

「与えた愛は与えた人のものになる」――人間の心を貫《つらぬ》く偉大《いだい》な法則

愛について、さらにお話をしたいと思うのですが、よく、幸福の科学の本を読みますと、「与える愛とは、無償《むしょう》の愛の別名である」というふうに書いてあります。「ただ与えることに意味がある」「見返りを求めたときに、愛は死ぬ」、そう言っています。

しかし、この「見返りを求めたときに、愛は死ぬ」という言葉は、決して、詩的な言葉、その言葉自体の響《ひび》きのために語られている言葉ではないのです。それは真実のことであるのです。

もし、みなさんがよいことをしようとしても、そのことが、同じだけの結果を期待する心の下《もと》に行われたとき、あるいはそれ以上の結果を期待してなされたときに、そのみなさんのプラスの行為《こうい》というのは、必ず〝帳消し〟になるのです。

なぜ、「見返りを求めるな」と言っているかというと、「与えた愛はその人のものになる」からなのです。これが、実は人間の心を貫《つらぬ》く偉大《いだい》な法則であるのです。このことだけでも生きているうちに知るということは、大事なことです。「与えた愛は与えた人のものになる」のです。それが法則なのです。これが目に見えない世界の法則なのです。

みなさんは、偉大な方についての話を数多く読んでいるでしょう。なぜそうした方々が偉大であるか。それは、多くのものを与えたからです。そして、見返りを求めたわけではないが、与えたものが、結局その人のものになるのです。

これは、「仏光物理学」という霊界《れいかい》の物理法則に基《もと》づきますと、「光がそれだけ増える」ということになっています。

みなさんが、心のなかで「あの人のためになったらいい」「こうしてあげたい」と思って純粋に行為に出たら、その思いを発したら、そのとたんに、霊的に見ると頭から後光《ごこう》がパーッと射《さ》しています。その後光は、天上界《てんじょうかい》から与えられているのです。上から投げかけられています。その瞬間《しゅんかん》に光が出るのです。自分の目には見えないかもしれませんが、確かに出ているのです。

その証拠《しょうこ》に、本当に心から他の人を喜ばせるような、他の人々が「うれしい」と言うようなことをしたときに、どうですか。体が熱くなりませんか。相手もそうなるけれども、自分もそうなります。ポッと温かくなりませんか。真冬であろうとも、ポッと温かい気持ちになる。それが、実は光が出ているということの証明なのです。霊視《れいし》ができるようになると、鏡を見てもそれがはっきり視《み》えます。よいことを思えば、自分の頭の後ろに後光がパーッと出ます。他の人々への愛の思いに満たされたとき、自分は与えることを考えているのに、そのときに与えられている。

それは、「なぜ神が人間を創られたか」ということと極めて関係していることだと思います。私たちは「人間は神の子である」ということを教えられていると思いますが、神の子であるということは、「神と同じ本質を内在している」ということです。

同じ本質とは何であるか。神にもいろいろな要素があるであろうが、いちばんの要素は「神は愛である」ということだと、みなさんは知っているでしょう。「神は愛なり」ということを知っているでしょう。

神は愛であるから、神の子である私たちが、いちばん、その本来の姿に近いときは、愛を与えんとしているときなのです。そのときに、みなさんは真実、神の子として自分を認識することができるし、そのときに、「そうなのだ。あなたがたは神の子なのだ」ということをまるで証明するかのごとく、光が与えられるのです。そして、パッと輝《かがや》いていきます。

それは一時《いちじ》だけのことかもしれません。ただ、そうした思いを持って日々生きている人は、常にその周りに笑顔が絶えません。常に光が絶えません。

部屋のなかにいても、ある人が入ってくると急に周りがパーッと明るくなる、そういう人がいるでしょう。そうした人からは、後光というものが、オーラというものがずいぶん出ています。そういう人は、常に「周りの人々を幸福にしよう」という思いで満ちているがゆえに、そういう人が部屋のなかに入ってくると、パーッと明るくなってきます。

それは、こうしたプラスの思いを持ち続けることを習慣にしているからです。だから、それが一定の実力となって、そういう現象となって現れてくるのです。

布施《ふせ》をしたら、その徳はその人自身のものになる

昔、釈迦《しゃか》仏教のなかでも、布施《ふせ》の功徳《くどく》ということをずいぶん教えています。

なぜ布施が大切か。それは、決して、乞食坊主《こじきぼうず》をしている修行僧《そう》たちが、働いていない自分たちの胃袋《いぶくろ》といいますか、食欲を満たすためだけに、「布施はいいことだ」ということを周りに広めて、そして、お布施をもらって歩いたということではないのです。そうではないのです。

布施をしたら、その布施のなかに込《こ》められた愛の思いは、その徳は、その人自身のものになるからなのです。なした人自身のものになるのです。だから、これが非常に大事なことであると教えたのです。

「外見はたとえ乞食坊主のようであったとしても、布施をされるとき、僧侶《そうりょ》というものは毅然《きぜん》たる態度を取れ」

そう仏陀《ぶっだ》はいつも教えていました。

「それは、あなたがたは物乞いではないからだ。あなたがたは、実は与えているのだ。そういう布施の機会を与えることによって、布施をしている人たちに一つの大きな愛を与えているのだ。彼らに人間としていちばん大切な心を、今、教えているのだ。

教えというものは、口を通してだけ語られるものではない。教えというものは、耳を通してだけ学ばれるものではない。教えというものは、ごく自然な行為のなかにおいて、日常茶飯事《さはんじ》の出来事のなかにおいて、実は隠《かく》されているものなのだ。言葉において何も言う必要はない。あなたがたは、そのお椀《わん》を出すだけでもよいかもしれないが、その機会に、無言のうちに彼らを教え導くことが大事なのである。与えるという行為が、どれほど清々《すがすが》しいものなのか、どれほど尊い気持ちになるか、どれほどうれしい気持ちになるか。あなたがたは、お椀を出すというその行為のなかに、相手にそれだけのことを悟《さと》らせねばならない」

そう仏陀はいつも説いておりました。

「物乞いをしているのではない。これは、彼らに大いなる啓示《けいじ》を与える、大いなる光に接しさせる、そうした機会を与えているのだ。

したがって、あなたがたは決して卑屈《ひくつ》になってはならない。他の人からもらうということにおいて卑屈になってはならない。

それは、大いなる悟りのよすがを与えているのだ。この点をしっかりと心のなかにつかんで、そして、この托鉢行《たくはつぎょう》ということも偉大な悟りへの修行であるということを知って、日々実践せよ。これは、他の人々を教化《きょうか》し、真理に近寄らせるための方法でもあるのだ」

仏陀はこういうふうにいつも言っておりました。まさしくそのとおりなのです。

もし、お坊さんに対して、「お椀のなかに食べ物なり飲み物なりを入れることによって、私が来世《らいせ》、成仏《じょうぶつ》できますように。あるいは私が犯《おか》した罪をみんな消してくれますように」、そんな気持ちでやっていたら、その布施の部分は消えてしまうのです。プラス・マイナス・ゼロになってしまうのです。

与えたものは、与えた人のものになるのですが、見返りを求めたときに、その徳はなくなっていきます。霊的にはプラス・マイナス・ゼロになってしまうのです。

「してあげたこと」は忘れ、「してもらったこと」は記憶《きおく》にとどめる努力を

今、多くのみなさんが目覚めて、光を伝えるために立ち上がってくださっていると聞いています。そして、いろいろなかたちでボランティアをされていると思います。しかし、そのときに言っておきたいのです。

その真剣《しんけん》な気持ち、「お役に立ちたい」という気持ちはそれ自体が尊く、それを思い起こし、実践したときに、みなさん自身のものになるのです。みなさん自身の徳になるのです。その与えた愛は、みなさん自身のものであるのです。みなさん自身のものになるのです。

したがって、決して、「これだけのことを自分はした」というふうに思ってはなりません。決して思ってはなりません。それを他の人に認められようと思ってもなりません。

自分が愛の行為をしたときには、それを忘れてしまうことです。
自分がなした行為を数え上げて覚えているようでは駄目《だめ》です。
数え上げて覚えているだけではなく、
「だから、もっとこういうふうに自分はされなければいけない」
「こういうふうな見返りが来なければいけない」と思ったら、
それは、修行者としては一歩も前進していない。
考え方によっては、後退しているかもしれません。
これを忘れてはなりません。
よい思いを起こし、よい行いをなしたとしても、
それを忘れてしまいなさい。

それは、ごく自然にもよおしてくる感情でなければいけないのです。

ごく自然に、そうしたいからする。

自分はそういう行為をさせてもらうことがうれしいから、している。

その気持ちが大事です。

ごく自然に体が動き、口が動き、

そして、思いが出てくるようでなければならない。

そして、「そういうものが出るのは自分にとってごく普通《ふつう》のことであって、生まれつき私はこういうのが好きだから、やっているのです」

という気持ちです。

人に知られようとする必要はありません。

こういうときに、知られようとしたら、その部分が消えていきます。

知られなくていいのです。

忘れることです。

そして、難しいことではあるけれども、

「他の人からしてもらったこと」は、

できるだけ記憶《きおく》にとどめようと努力することです。

「自分がしたこと」をなかなか忘れないで、

そして、「してもらったこと」を忘れやすいのが人間です。

だからこそ、世の中には感謝の言葉が少ないのです。

「してもらったこと」はできるだけ記憶しようと思い、

「してあげたこと」は忘れていくことです。それでよいのです。

自分のしてあげたことが自分に返ってこなくても、

してもらった人は、必ず「うれしい」と思っています。

そのうれしい気持ちが次なる思いと行動を呼び起こすのです。

その人は、愛を受けたら、その愛を自分のものだけにしておけなくなるのです。
必ず、「他の人のために何かをしたい」という気持ちになります。

どうですか。
みなさんの目にはそれは見えないかもしれない。
聞けないかもしれない。
でも、自分のなしたことが、またその愛が、愛自体で次なる仕事をしていくのです。
ある人に愛を与えた。
その人は、自分がまったく見もしない他の人のためにまた愛の行為をする。
このように、愛というのは、次から次へと移っていくものなのです。
それでいいのです。
独立して仕事をしていくものなのです。

それがうれしいのです。

だからこそ、うれしいのです。

そういう気持ちを、どうか忘れないでいただきたい。

私はそう強く思います。

幸福の科学の教えはすべて「与える愛」に集結してくる

これが、主として最初の「人を愛する」ということ、「与える愛」ということなのですが、すべてはこの一点に集中してくるのです。幸福の科学ではいろいろな教えを説いていますけれども、すべてはここに集結してくるのです。幸福の原理として、「愛・知・反省・発展」と言っているけれども、本当はすべてこの「愛」に集まってくるのです。

何のために「知」があるか。知は、より多くの人々を愛するためにあるのです。より多くを知ることによって、より多くの人々のために役立つ生き方ができるのです。知らないと、知力が弱いと、知識が少ないと、どうしても多くの人のために役に立てないのです。いろいろなことを知ることによって、学ぶことによって、自分の活動の範囲《はんい》が広がるのです。他の人への影響《えいきょう》も大きくなっていくのです。だから、「知が大事だ」と言っているのです。知は愛を支えるのです。

そして、「反省」も言っています。何ゆえに反省があるのだろうか。

自分は与える愛の実践をしているつもりであるが、本当にそれは、真実、神の心に適《かな》うような愛の実践だろうか。これは検討してみる必要があります。

いいことをしているつもりでありながら、その実、曲がっていく人はいくらでもいます。「自分はこんなにいいことをしている」ということを、一生懸命、正当化している人もいっぱいいます。いいことをしているつもりでいたのが、いつの間にか慈悲魔《じひま》になって、他の人を駄目にしてしまう人もいます。あるいは、人に認めてほしくてやっている人もいます。先ほど言ったように、最初の純粋な心を忘れて、やればやるほど認められたくなって、やっている人もいます。

こういうふうに、愛の行為であっても、その出発点が健全であっても、純粋であっても、やっていくうちに、次第《しだい》しだいに初心を忘れて曲がり込んでいくのが、凡人《ぼんじん》の姿であるのです。だからこそ、軌道《きどう》修正が必要になってきます。それゆえに、「反省」ということがあるのです。したがって、反省もまた愛のためにあります。

愛・知・反省、そして、「発展」ということが大事である。発展の教えがあります。この発展もまた愛のためにあるのです。

愛がさらにその力を強くしていくときに、いったいどういうふうに現れてくるだろうか。そう思ってみると、愛が強く現れてきたときに、できるだけ多くの人々の間に浸透《しんとう》していくはずです。「できるだけ多くの人のために役に立ちたい」というふうになっていくはずです。「できるだけ多くの人々が笑顔と歓喜《かんき》に満ちた姿になるようにしたい」と思うでしょう。

さすれば、発展のなかに含《ふく》まれているものは、愛の拡大にしかすぎない。「愛の拡大形式」なのです。愛がさらに大きなものとなっていく過程、それが「発展」であるのです。愛の理想が大きくなっていくことなのです。

したがって、「四正道《よんしょうどう》が難しい」と言われる方であっても、「結局は、愛に戻《もど》るのだ」ということです。「愛というものをもっと強くし、大きくし、素晴《すば》らしいものにするために、知も反省も発展もあるのだ」ということなのです。これを知らなくてはなりません。

愛を与えるための基本の姿勢を固めるのが「正しき心の探究《たんきゅう》」

そして、当会の一つの基本の方針であるところの「正しき心の探究《たんきゅう》」というものもありますが、この「正しき心の探究」というのは一つの戒《いまし》めです。昔風に言うならば、戒律《かいりつ》かもしれません。

「幸福の科学のなかで真理を学び、そして、己《おのれ》の心を磨《みが》いていくには、『正しき心の探究』ということを常に戒めとして持っていなさい」ということですが、これは何を意味しているかというと、「人によかれと思って、思いを起こし、行動を起こすには、それだけの基本の姿勢が要《い》る。この基本の姿勢を固めるのが、この『正しき心の探究』なのだ」ということです。

「実に、この愛を与えるという行為は、神様の思っておられることそのものなのだ。神様の代わりとなって、その一部となって、手足となって、愛を与えるという仕事があるならば、この愛を与えるという仕事は非常に貴重な仕事であり、また優《すぐ》れた仕事であり、すべてのものに勝《まさ》る仕事であるのだ。

それゆえに、そうした重大な任務に就《つ》いている私たちは、日々、自《みずか》らを見つめ、自らが間違った行動や思いに走らないように点検しなければならない。これは聖なる義務なのだ。

そうした神様の一部として、手足として、その使命を帯びてやる以上は、きっちりとした仕事をしなければならない。そう常に自分に言い聞かせなければならない。この戒めが、実は『正しき心の探究』なのだ」

こういうふうに思っていただきたいのです。

愛という名の無料の花束を、花一本を、一輪の花をみんなに配って歩くのに、「タダで配ればいい」と思うかもしれないが、このタダで配るという仕事をさせていただくのに、資格が要るということなのです。その仕事さえ、間違った心でやられたら、それはタダのものが〝タダ〟にならない。〝無料〟にならない。もらった人に「清々《すがすが》しい気持ち」を与えなくなる。そういうことなのです。

だから、「正しき心の探究」ということがいつも要る。そう言っています。

4 「人を生かす」ために必要なものとは

「知を高めること」と「経験を深めること」が「生かす愛」の両輪

さて、「人を生かす」ということを、もう少し話しておきたいと思います。

人を生かすというのは難しいことです。そして、その究極ということはなかなかありません。

単に一対一で他の人を導くということ、その人に優《やさ》しくするということは、努力をするとある程度可能になってきますが、多くの人々を導くということは、この指導力において限界ということはやはりありません。いくら力があっても、なかなかすべての人を導いていけないというのが、人間の真実の姿であると思います。

この「生かす愛」のために、他の人々を生かしていくために、どうしても必要なもの。これは、はっきり言うなら、二つです。

一つは、「知力」あるいは「知識」といわれるものなのです。俗《ぞく》に「頭がいい」と言うかもしれませんが、ある程度いろいろなことを考えられるということです。「どうすればその人がよくなっていくか」ということを考えるには、考えるだけの材料が要《い》ります。材料が要って、「その材料をどのように使えば、どうなるのか」という原因・結果が見えなければいけないのです。「こういうふうにしたら、その人はこうなる」「こういう教えを説けば、こういう反応がある」「こういう努力をしたら、こんな結果になる」「こういう原因・結果のプロセスが見えないと、正しく人を導くことは難しいのです。

それゆえに、幸福の科学で言っているところの「知識」あるいは「知力」というものは、実は「原因・結果のプロセスを見抜《みぬ》く力」であるというふうに言ってもよいでしょう。こういう種をまけば、こういう実が実るということを知るということです。これが大事なことです。

これは、書物で読んだり、いろいろなものを見聞したりすることによっても得られますが、こうした「知識」以外、「知力」以外にも、もう一つあるのが、「経験」ということです。経験によって、人は知ることがある。

もちろん、この経験は、試行錯誤《しこうさくご》的になることがよくあります。最初のころは失敗が多いものです。失敗し、そして、「このやり方ではうまくいかない」ということを確認するにしかすぎないこともあります。

しかしながら、人間の考えること、行うことというのは、ある程度のパターンがあります。また、数が限られています。それゆえ、一つひとついろいろなことを経験していくことによって、「人間はこういう状況《じょうきょう》に置かれたら、こういうふうなことをする」ということが分かってくるようになります。このように、経験を積むことによって、他の人を導けるようになります。

また、自分自身がいったん、あることがきっかけで失敗した場合、同じようなきっかけを持っている人を見たとき、「それは、こういう転落につながりますよ」「こういう失敗につながりますよ」ということを言うことができます。

この両者が、実は「生かす愛」の両輪であります。「知を高める」ということと「経験を深める」ということ、この両者が必要です。

すなわち、多くの人々を指導し、導く、管理職の器《うつわ》と言ってもよいでしょう。あるいはトップの器と言ってもよいでしょう。あるいは先生の器と言ってもよいでしょう。こうした立場に立つためには、二つの条件があるということです。それは、「教育ないし教養の力を持っているか」、「経験を持っているか」であるのです。

知識や経験を持っている人の力を借りられるような自分になる

これ以外に、もし、援助《えんじょ》する力があるとするならば、それはおそらく、「そうした知識や経験を使いうる人、出せる人を自分の近くにアドバイザーとして置く」ということです。これしかありません。これが三番目の道です。自分に知識も経験もないならば、そうしたものを持っている人の力を借りる、得るということです。

それには、まず、そうした人が援助してくれるような自分にならねばなりません。知識も経験もなくとも、そうした人が自分をバックアップしてくれるような、そうした自分にならねばならない。

その原点は何かというと、やはり「素直《すなお》さ」「謙虚《けんきょ》さ」という気持ちだと思います。「他の人々から教えを受ける」という気持ちです。

そうした人の力を借りることによってでも、他の人を導くことはもちろん可能であります。

「愛する愛」は今日からでも可能だが、「生かす愛」は鍛錬《たんれん》が要《い》る

こうしたことが、この「生かす愛」にとっては大事なことです。

それゆえ、「愛する愛」というのは、今日からでも可能ですが、「生かす愛」の場合には、少し鍛錬《たんれん》が要《い》ります。少し時間がかかります。少し努力の要素があります。これをお教えしたいのです。

愛する愛は、今日ただいまからでもできます。生かす愛のほうは、少し時間がかかります。そして、努力によって、その段階がだいぶ上がってまいります。これを言っておきたい。これは、たぶん一生終わることはないでしょう。

今は真理の学習を会員のみなさんに非常に勧《すす》めていますが、実は、この部分、「愛する愛」から「生かす愛」に上がっていくためには、どうしても多くのことを知っておく必要があるからです。

「一代限りの経験で得られることには限りがある。時間がかかる。そう簡単には得られない。その部分をごく手短に簡潔に真理が語っているから、これをものにすることによって、何年分、何十年分の経験を手中にするのと同じになる。そして、みなさんはさらに大きな愛の伝道者となれるのだ」ということをお教えしているのです。

5　「人を許す」境地へと向かうためには

悲しみや苦しみを経験しなければ、人を許せるようにはならない

この上に、「人を許せ」という教えがあります。これは難しいことです。一言《ひとこと》で言って、難しいです。

人を許せるようになるには、実は魂《たましい》がある程度の試練を受けなければ駄目《だめ》なのです。優秀《ゆうしゅう》であれば、人々を導いていける。生かすということはある程度できるようになります。しかし、人を許せるようになる器《うつわ》というのは、そう簡単ではないのです。一朝一夕《いっちょういっせき》にはできないのです。

みなさんは、苦難や困難、悲しみや苦しみを、できたら避《さ》けたいと思っておられるでしょう。それは人情だし、みんなそう思うのも当然のことですが、もし、一見

マイナスと見えるこうした事柄《ことがら》が、プラスに転じる面があるとするならば、この最後の「人を許す」という段階においてなのです。

いかなる優《すぐ》れた資質や才能を持った人であっても、一定の苦境あるいは困難・艱《かん》難《なん》のなかをくぐってこないと、真なる強さというものが出てこないのです。それは、ちょうど熱い鉄を打ちながら水のなかに通して焼きを入れるように、そうした場面を通ってこないと、なかなか、最後に大きな「真に強い刀」、そういうものになってこないのです。人を許すためには、やはり、自《みずか》らが多くのものを経験し、その辛《しん》酸《さん》のなかから立ち上がってきたという、そういう境地が必要です。

それゆえに、私は、「みなさんが過去、もし多くの失敗をしてきたとしても、それをプラスに生かしていく道がある。間違《まちが》った思いを出し、間違った行いをしてきた、その数と量が大きければ大きいほど、またもう一段上の指導者となる可能性は大きいですよ」と言っておきたいのです。

結局、人を許すということができるためには、知らなければいけないのです、人々の悲しみを。人々の悲しみを知らなければ、許すことができないのです。「どうして、その人が苦しむのか」ということが分からなければ、なかなか許すこともできません。

「許す愛」とは、善悪を超《こ》えて、それらを包み込《こ》む大いなる愛

善悪を分ける「正義」という立場があります。多くの人々はまず、この許す段階の前、すなわち生かす段階において、正邪《せいじゃ》を学び取る勉強をしなければいけないのです。指導者というのは明らかに、「間違ったもの」を捨てて「正しいもの」を取るように教えていかなければならないし、そうした努力をすることが指導者になっていく道でもあります。

しかし、これを超《こ》える立場があるのです。それは、その修行《しゅぎょう》の過程にある人たちを包み込《こ》む必要があるからです。

修行の過程にあって落ちていく人、挫折《ざせつ》していく人、つまずいている人をも包み

込むものが、もしなかったとしたら、もしそうした大きなものがなかったとしたら、私たちは「この地上は、この世界は、この人間の心は、神が創られたものである」ということを最終的に信じることができなくなると思います。

もし成功者だけにほほえみ、失敗者にはほほえまない神であるとするならば、もし戒律《かいりつ》を守ることはいいことだとしても、「それを守った者だけは愛され、守らない者は愛されない。それを破った者、また、しくじった者は愛されない」という神であるならば、究極の神がもしそういう方であるとするならば、私たちは、この世界そのものを信ずることができなくなっていくと思います。

私たちは小さな範囲《はんい》において善悪のなかで「悪を捨て、善を取る」という勉強をしていますが、それを超えた大きな世界のなかで、それらを包み込む、大いなる愛があることを感じています。その愛があるがゆえに、私たちは人間であることを許されている、人間であり続けることができるのだと思います。

明らかに、光の天使たちの教えは、「善を取れ」と教えています。「正しさを取れ」と教えています。「神に向かえ」と教えています。

しかし、現に私たちが知っているように、地上を去った世界のなかには、「地獄《じごく》」という世界もあります。地獄という世界がある。そして、そのなかには、「悪霊《あくれい》」といわれる者や「サタン」といわれる者もいる。彼らも地上に出てきて、多くの人を惑《まど》わしたり苦しめたりしている。

本来であれば、彼らは〝不合格者〟であるわけですから、〝不合格者〟の魂がもし消滅《しょうめつ》することになっていれば、世の中は非常にすっきりするように見えるかもしれない。しかし、彼らは現に生きており、活動し続けている。

そこにあるものは何であるかというと、そうした小さな善悪を超えた、大きな許しがあるということなのです。

その許しは、他人事《たにんごと》ではありません。他人事《ひとごと》であれば、冷たく突《つ》き放すことはできるかもしれないけれども、いざ自分の身になったらどうかということを考えてみればいいのです。

人間として生きていく過程で失敗をすることはある。しかし、もし、結果論者に陥《おちい》って、「成功した者だけは救われ、失敗した者は救われない」というようなことであったら、私たちは何度、人間を〝廃止《はいし》〟されているか分かりません。しかし、またチャンスを下さっている。これがありがたいわけです。

それゆえに、勇気が出てきます。「失敗してもまたやり直しがきくのだ。いつまででも、永遠にやり直しがきくのだ」と思うからこそ、「よし、頑張《がんば》ってみよう」という気があるのだと思います。

ですから、人を許す境地というのは、もっと大きいものです。これは知らなければなりません。それは神の境地に近いものだと思います。この前の段階として、人を生かしていくときに、善悪をよく知るということ、正しさを知るということ、これをしっかりやる必要がある。しかし、それを超えたときに、そうした大いなる包み込むものを知るに至ります。

「成功」と「失敗」の両方をくぐり抜《ぬ》けて初めて、人は大きな愛の器《うつわ》となる

そこに至るまでの間、おそらく魂は幾転生《いくてんしょう》、幾百転生、幾千転生をして数多くの挫折をしてきたでしょう。また、多くの人の苦しみや悲しみを見て、自分も、自分の心のなかに、そうしたものに共鳴するものを数多く持ってくるでしょう。こうした苦境を通り越《こ》して初めて、「慈悲《じひ》の心」というのが湧《わ》いてくるようになってきます。

一般的《いっぱん》には、「愛」というものは、非常に平等なもの、水平的なものと思われがちです。これに対して、「慈悲」というものは上から下へと流れていきます。限りない高みから限りない下方へと流れ続けてやまないものが、慈悲というものです。

そうです。人間は、修行を繰《く》り返し、その精神が高まるにつれて、次第《しだい》しだいに圧倒的《あっとう》な愛というものを持つに至るようになるのです。そして、過去幾転生のなかで得た魂の糧《かて》すべてが、唯一《ゆいいつ》の「愛の大河《たいが》」という大きな流れを流していくための

力になってくるのです。

私は、別の言葉で「常勝思考《じょうしょうしこう》」ということをよく話しています。「この世のなかで経験したことは、すべてプラスに転じていくことが可能である」という教えであります。それは、この数十年の人生ではなくて、もっともっと長い長い人生の過程で考えていったときに、真実であるのです。

慈悲は、人を愛し続けてやまない心です。

与《あた》え続けて、続けて、

そして、尽《つ》きない泉のような心です。

そこに達するまでに、多くの試練を経《へ》ることでしょう。

その試練を経ていることを喜ぶ気持ちが必要です。

あくまでも、「自分の魂が、今、磨《みが》かれているのだ」という気持ちを持つことが大事です。

真理に触《ふ》れ、そして、日夜努力しているみなさんであっても、さまざまな苦境に直面されることはあるでしょう。

「なぜ、私がこういうふうにならねばならんのか」と思うことはあるでしょう。

しかし、今あなたは大いなるチャンスのなかにあるということを忘れてはなりません。

成功者は人を生かすことができる。

しかし、人を許していくためには、

「成功」と「失敗」の両方をくぐり抜《ぬ》けていく必要がある。

その両者を学んだときに、人は初めて大きな愛の器《うつわ》となり、

すべての人を許していける気持ちになる。

神の心もまたここにある。

そういうことを思わねばならないということです。

ご清聴《せいちょう》ありがとうございました。

第4章

八正道《はっしょうどう》の再発見

一九八九年十月八日　説法《せっぽう》

香川《かがわ》県・丸亀《まるがめ》市民会館にて

1　なぜ「反省」は必要なのか

「反省しなさい」と言われても、大人は素直《すなお》に聞けない理由

今日は、「八正道《はっしょうどう》の再発見」という題を付けてみたのですが、「再発見といっても、そもそも八正道とは何かを知らなければ再発見のしようがない」、そう思っている方もいらっしゃるでしょう。「一度、八正道の話をしてから、もう一回、再発見の話をしに来てください」と、そういうふうに思われる方も、なかにはいらっしゃるかもしれません。

今では、この「八正道」というのは、非常に古い「昔の話」になってしまいました。その八つをすべて言える人も数少ないのではないでしょうか。

まず、「八正道」と言うが、その前にあるのは何かというと、「反省」です。反省

という教えがあって、そして、専門的な領域としての八正道というものがあるわけです。

したがって、「反省とは何か。どうしてそんなものが要《い》るのか」、このへんから話は入っていかなければいけないわけなのです。

確かに、小学校のころには、「反省というのは大事ですよ」とか、そういうことは聞いたことがあるかもしれない。家庭のなかでご両親から、「反省しなさい」と教わったことはあるかもしれない。

しかし、それははるか昔の話であって、成人してからあとは、そんなことを言われたこともないでしょう。もし言われたとしても、おそらくはカチンときて言い返したのではないでしょうか。

職場の同僚《どうりょう》から「おまえ、反省しろ！」と言われたら、「何を言うか」などという感じで怒《おこ》ったり、あるいは大人になってからは、ご両親に言われたりすると、もっと反発するでしょう。「反省しなさい」などと言われると、「俺《おれ》ももう一人前なのだから、何を言うんだ」、あるいは、「私だって、もう大人よ」という感じで、たぶん言い返されるのではないでしょうか。

このように、「反省」という言葉は、小さいときにはわりあい素直《すなお》に入るのですけれども、成人してくると、なかなか素直にそれを聞くことができないのです。

「なぜだろうか」ということを、お考えになったことがありましょうか。

小さいときに「素直に反省しなさい」と言われて素直に反省できた理由というのは、言われている相手が「先生」であるとか、あるいは、「両親」であるとか、自分と明らかに立場が違《ちが》いました。目上の方であって、抵抗《ていこう》のしようがありません。親と喧嘩《けんか》はできないですし、先生と喧嘩をしたら卒業できないだけのことです。もう、それはよく分かっている。ゆえに、「立場が明らかに違うから素直に聞かざるをえない」、そういうところがあります。

大人になってから「反省しなさい」と言われたら、なぜ素直に聞けないのだろうか。それを、いま一度、考えていただきたいと思うのです。

そうしてみると、その言葉を素直に聞けない理由の一つに、「自分自身、自分はもうかなり出来上がった一人前の人間なんだ」という自負と裏返しの部分が、おそらくあるはずです。「俺は一人前なんだ。ネクタイを締《し》めて背広を着ているではないか。見たら分かるだろう」、こういう気持ちです。「ちゃんと月給を取っているんだ。給料をもらっているんだ。一人前なんだ」と、こういう気持ち、これがあります。

大人になっていく過程で「偉大《いだい》なるもの」を見失ってはいないか

これ自体が悪いかといえば、それは「悪い」とは私は思いません。人間が大人になっていくという過程は、やはり完成に向かって進んでいく過程なのですから、それだけの自信が出てきて、もちろんのことです。当然のことです。

しかし、ここに、何かが違っている面があるわけです。何かを置き忘れている、置き去りにしているところがあるのです。それは、いったい何でしょうか。そう考えてみると、だんだん分かってくることがあるのです。

それは、「偉大《いだい》なるもの」というものを見失っているのです。

かつては、「自分より偉い人」「立派な人」、こういうものを素直に受け入れることができたのに、成人してくると肩《かた》が張ってきまして、だんだん、素直に人の意見が聞けない。それはなぜかというと、「偉大な人、自分より偉いということを認めたくない」という気持ちがあるからです。

もちろん、私たちがよく習っているように、人間そのものはその本質において平等であることは確かです。そして、その平等の意識が現代の民主主義社会をつくっている大きなエネルギーであることも事実です。それゆえに、一つの開き直りが、ここにあるのです。

どういう開き直りであるかというと、「俺は一人前だ。一人ひとりの人間には個性があるのだ。別々の人格なのだ。そうした、個性を尊重するということは大事なことなのだ」と。

そして、「各個性は、平等に基《もと》づいて同質の権限・権利というものを与《あた》えられているのだ。ゆえに、お互《たが》いに侵《おか》すべからざるものなのだ」、こういう考えがあるわけです。こういう考えの基礎《きそ》に民主主義があるわけなのです。まあ、ここまではよしとしよう。

けれども、「だから、人の言うことをきく必要がない」と思ったら、ここのところに、論理に飛躍《ひやく》があるのです。「彼は彼、われはわれ、われ関せず」、そういうことで、「自分のことは自分のこと。関係ない」という考えになる。このあたりに、おかしなところが何かあるのです。

なぜ、それはおかしいのだろうか。

それは、よく「世間《せけん》」とか「他の人の存在」とかいうものを見ないで、「自分はもう出来上がっているのだ」という気持ちなのです。もう対等になってしまう。みんなが対等になって、お互いにしのぎを削《けず》っている。「俺も侍《さむらい》、彼も侍」、そういうチャンバラをやっているような気持ちでいる。そういう腕《うで》の違いというのが十分に分からないのです。

挫折《ざせつ》から「教訓」を身につけ、「優《やさ》しさ」「謙虚《けんきょ》さ」を学べ

これが実社会で経験を積むにつれて、いろいろと刀が折れたり矢が尽《つ》きたり、いろいろなことで敗北というのを経験して、打ちのめされることがあります。挫折《ざせつ》をして、「俺もやっぱり満点じゃないんだな」ということを知らされることもあります。

しかし、それでも、まだ分からない人もいます。こうして、だんだんだんだん、「我《が》」というのが張ってくるのです。「自我」というのが大きくなってきます。

通常は、人生にはいろいろな挫折があります。『常勝《じょうしょう》思考』という本にも書きましたけれども、誰《だれ》であっても、一回や二回、あるいはそれ以上、何らかの挫折はあるのです。言われないだけで、人に知られないようにしているだけで、

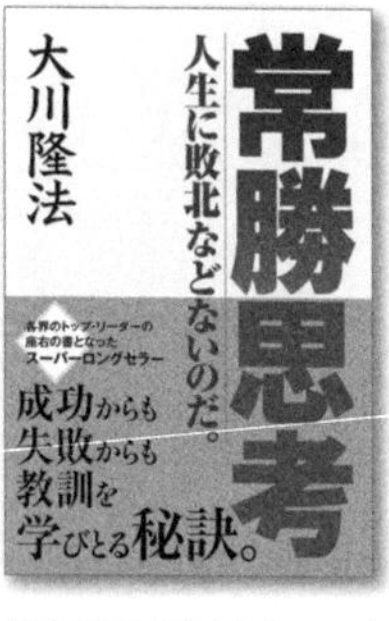

『常勝思考』(幸福の科学出版刊)

みんな持っているのです。そして、成功体験ばかりを吹聴《ふいちょう》する人というのは、そういうものを隠《かく》しているだけであることが極《きわ》めて多いわけです。

そして、そうした挫折を本当に真剣《しんけん》にプラスに受け止める考え方は、そのなかから得られる「教訓」というものを十分に身につけること。そして、今後の自分をさらによいものにしていくために、考え方を変えていくこと。これが、いちばん、挫折のなかから学ぶものとしては大きいわけです。

これ以外に学べるものとしては、やはり、「謙虚《けんきょ》さ」「他人《たにん》に対する優《やさ》しさ」というような面が強くあります。失敗をした人はだんだん暗い想念に包まれていくことも多いのですが、やはり、失敗を重ねた人の美点として挙げられるものには、「優しさ」「謙虚さ」というものがあるように、私は思います。そういうものを学ばねばならないのです。

「自我」が拡張してくると、いろいろな難しい問題が出てくる

それでも、生来の「プライド」というものが非常に強かったり、あるいは、自分を騙《だま》し騙し生きてきた人は、そうした挫折をしても、挫折したということから素直に学び取ろうとせずに、これを何とかねじ曲げて考えようとし始めます。それほどまでに、「自我」というものが大きいのです。自我の大きさが全宇宙よりも大きいぐらいの人もいるのです。

「宇宙即我《そくわれ》」という考えもありますけれども、それとはちょっと違いまして、〝自我即宇宙〟とでもいうような、〝その自我が全人類の意見と戦ってでも負けないぐらいの自我〟〝地球よりも重い自我〟がいっぱいあるのです。「たとえ世間が何を言おうが、たとえ原爆《げんばく》が落ちようが、俺の考えは間違いではない。自分がもし間違っているというのなら、それは、そういう世の中は悪魔《あくま》の世の中なのだ」と、こういうものの考え方です。

では、どうしてそういうふうに捉《とら》えていくのだろうかと考えてみると、そういう人自身は「自分は極めて優秀《ゆうしゅう》な人間だ」とか「強い人間だ」と思っているのです。「自分は強い人間だ。自分は負けを知らない。決して、他人《ひと》と戦って負けたことがない。論争して負けたことがない。自分は強いんだ、強いんだ」と一生懸命《いっしょうけんめい》言って固めているのですが、「では、なんでそんなに強い方が、そんなに一生懸命、突《つ》っ張っているんですか。その胸の蓋《ふた》を開けてみてください」と言って開けると、なかは弱いのです。傷つきやすい、ちょっとしたことで傷つきそう。その、傷つくのが怖《こわ》くて怖くて、一生懸命カバーしているのです。鉄板を体に巻こうとしているのです。そして、強気でいく。

ところが、その人の強気に接した人はどうなるかというと、その人のなかにそんな弱い部分があるなどとは全然思いませんから、「世の中には、かくも稀《まれ》なる人間がいるものだ」と思うわけです。もう、「他人《たにん》を見たら攻撃《こうげき》するような人間がよくいるものだ」と。こういうふうにして、他の人も傷つきます。

こういうふうに、この自我の部分が拡張してくると、いろいろな難しい問題というのが出てくるようになります。

人間が自由に伸《の》びていけるのは「調整の原理」が働くから

ところが、人間が幸福を感じる場合の基本的な感じ方は何かというと、やはり、「自分自身が伸《の》びている、成長している」ということを感じるときに、いちばん幸福に思うことが多いのです。それゆえに、この自我の拡張感というのを決して否定はできないのです。それ自体を否定することはできない。それは、人間の「幸福になろう」という本来的な衝動《しょうどう》に伴《ともな》った部分であるのです。

「幸福になりたい」と思うからこそ竹はすくすくと伸び、「幸福になりたい」と思うからこそ草花も伸び、花を咲《さ》かせるところがある。これも、ある意味での「自我の拡張」でありましょう。

だから、これは本性《ほんせい》そのものにあるものではあるから、まったくこれを取り去ることができるかといったら、取り去った場合には、花は花咲かず、木は実を実らせないことがある。人間は決して大人になることがなく、人間は決して成功することがないようになってくる。それゆえに、完全否定というものはできないものなのです。

完全否定というものができないなら、では、どうしたらいいのか。何が問題なのか。

自分自身が伸びていくことは問題がない。しかし、伸びていく過程において、他の多くの魂《たましい》たちに傷をつけたりすること、ここに実は問題があるのではないですか。あるいは、他の多くの魂たちに傷をつけて、それを正直に認めようとしないで、さらに、自分自身の自我を拡張していくところに、何か変なものができてくるのではないでしょうか。まっすぐ伸びていこうとしていたのが、実は曲がっているのではありませんか。こういうことが言いたいわけです。

どこかで曲がっていませんか。あなたが天に伸びていきたいという気持ちは真実です。それは正しいことです。それは本来的に許されていることです。ただ、あなたは伸びようと思っているが、実際は他の木に突き当たって、自分の木は、枝は、曲がっているのではありませんか。「天に向かっていく」と思いつつ、実は、本当は下に向かって曲がってきているのではありませんか。そういうことを言わざるをえないわけなのです。そう思うわけです。

ここに、一つの「調整の原理」がどうしても必要です。

もし、この地上に人間が一人しかいないなら、その人は自由自在に生きてよいでしょう。しかし、神がこれだけ多くの人間を現に生かしておられるということ、そして、それらの人間に、「自由に伸びていけ」ということを許しておられる。神が許しておられるその根拠《こんきょ》には、「そこに調整の原理が働くからいいのだ」という考えが、おそらくあるはずなのです。

「反省」の方法とは、あなた自身がいちばん幸福になるための手引き

逆に言いますと、反対側から見てみると、私たちは「調整の原理」ということをしっかりと、すなわち「他の人との関係を調整する」ということをしっかりと考えていれば、無限に伸びていってもいいということでもあるわけなのです。

ですから、みなさんは、「反省」ということを非常に消極的な後ろ向きなこと、あるいは、抹香臭《まっこうくさ》いこと、古い人間の言うことというふうに思われるかもしれませんが、実際はそうではないのです。

反省ということ、これは添《そ》え木みたいなものなのです。木が曲がっていかないようにするための添え木みたいなもので、これがあって初めてピンとまっすぐ伸びていけるのです。そのまっすぐ伸びていける方向は天に向かってですから、無限に伸びていけるのです。ところが、斜《なな》めになったら、塀《へい》に当たったり家に当たったりして、まっすぐ伸びられないのです。

ですから、反省というのは、「あなたが悪いから直せ」と言っているというよりも、あなた自身のために実際は大事なことでもあるのです。

もちろん、「曲がらないことによって、他の者を傷つけない、他の者を妨害《ぼうがい》しない」というプラスもあるが、それ以上に本来的に勧《すす》められることは、「あなた自身が、そうして生きていったほうが、いちばん成長できるのですよ。それは、あなた自身がいちばん幸福を味わうことができるということなのですよ」と。「あなたは『幸福になりたい』と思って、自由にやりたいのでしょう？　思ったとおりにやりたいのでしょう？　勝手にやりたいのでしょう？　そうであるならば、こういう手引きがあります。これが反省の方法なんですよ」、そういう捉え方です。

これは実践《じっせん》してみるとよく分かります。まだ実践をしたこともない方は、「反省しなさい」と言われると、どうしても〝単なるブレーキ〟だと思ってしまうのです。自分がやりたいことをやらないで、それを我慢《がまん》してじっとしていること、四畳半《よじょうはん》の部屋のなかに籠《こ》もっているような気持ちになるのです。何をしても失敗しそうな気がする。何をしゃべっても間違いを言いそうな気がする。何を見ても何か悪いことを思いそうな気がする。そして、自分の行動ががんじがらめになっていって動けないような気がするのです。

しかし、これは、まだまだ初学者の迷いなのです。「まだ、真理に触《ふ》れて日が浅いがゆえに十分に見えない」、そういうことなので、これを突き抜《ぬ》けていくと、実は、それは素晴らしい世界がそこに待っているのです。

2　反省に向けた第一歩とは

自動車の運転に慣れるように反省を習慣化する

それはちょうど、たとえてみると自動車の運転と一緒《いっしょ》なのです。みなさんも運転免許《めんきょ》を取られたか、仮免で落ちたか、いろいろあるでしょうけれども、取ろうとされた方が多いと思いますが、大変でしょう。最初に運転するのは、もう大変です。「本当にこんなものが運転できるのだろうか」と。

私もいまだにときどき不安に思うのですが、道路にはいろいろな人が運転して走っています。世の中、運動神経のいい人はそんなにいないはずで、かなり鈍《にぶ》い人がそうとうの割合でいるはずなのに、誰《だれ》も彼も運転している。おじいちゃんやおばあちゃんから、奥《おく》さんから、学生のような人まで、いっぱい運転している。「よくこれで、みんな無事に毎日過ごしているものだ」と思うことはよくあります。ほかの競技をやったらできません。スポーツをやらせたら、できない人はいくらでもいるでしょう。「なぜ運転だけはできるのだろうか。怖《こわ》いな」と思うことがよくあります。

しかし、それは「慣れ」というものが大きいのです。最初はハンドルさばきが大変ですけれども、慣れてくると、これはごく楽にできるらしいのです。しかし、慣れるまでは、もう緊張《きんちょう》して緊張して、どうしようもありません。もう、「全身、汗《あせ》まみれ」といいますか、汗が流れて大変です。

私も経験がありますが、自動車の運転は、実に、慣れるまでは怖いものなのです。しかし、慣れてくると、ものすごく楽なもののようなのです。「ちょっと駅まで行ってくる」「ちょっと買い物に行ってくる」ということで、パッと車に乗ってダーッと吹《ふ》かしていくのです。

これなども、結局、「運転というのは難しいものだ」と思うから、なかなかできないのです。それが難しいと思わないレベルまで練習したら、楽になるのでしょう。

しかし、私には、車の運転というものは非常に難しく見えました。私は、いろいろなことを知ろうとすると、深いところまで知らないと分かった気にならないタイプなのです。こういうタイプの人というのは、ある程度のところをグーッと掘《ほ》り下げていろいろなことを考えているので、それが非常に浅いところへ来ると、もう不安で不安でしかたがないのです。

一割や二割しか分かっていないと、もう全然分からないのと一緒なのです。半分ぐらいでも分からない。「いったい、これは何だろう?」と思うと、まったく分からないのです。そうしたら、全部が分からないような気になって、パニックになってくるのです。

こういう方は、ほかにもおそらくいらっしゃるだろうと思います。

「反省」というのも、車の運転とまったく同じようなところがあるのです。言われてみると、最初は、車に「さあ、乗りなさい」と言われたのと一緒なのです。

マニュアル式の車だったら、足の離《はな》し方が悪いと、すぐにエンストを起こして動かなくなります。だから、オートマチック車で乗っている人が、マニュアルの車にたまに乗ったりすると、もう車は止まってばかりで進まないのです。「こんな運転、できるはずがない」と思います。まったく、ああいう感じに近いのです。

反省ということを身につけて習慣にしていますと、車の運転と一緒で、自動的に手が動き、足が動いて、やれるのです。変速がいけるようになる。

この境地はどういうことかというと、みなさんは「反省」といったら、どこか山のなかに籠《こ》もって、一週間ぐらい坐禅《ざぜん》か何かを組んでやらないといけないと思うでしょうが、反省の習慣がついてくると、その自分の思ったこと、しゃべったこと、聞いたことについての自己判断について、即座《そくざ》に反省が入るようになるのです。これはごく自動的なものです。そして、矩《のり》を踰《こ》えないように、次第《しだい》しだいになってくるのです。

誰かに悪いことを言って、それで一年も二年も考えてから、あとで「すみませんでした」という懺悔《ざんげ》の涙《なみだ》を流すよりも、その言葉を発した瞬間《しゅんかん》に「あっ、いけない！」と思う習慣をつけることです。

できれば、その「いけない」と思った瞬間に、「今のは取り消す。失言した。申し訳なかった」ということをスパッと言える人であれば、もうあとで謝《あやま》る必要もありません。いじいじと考える必要もありません。

こうしたことは、極《きわ》めて大事なことなのです。車の運転とよく似ています。事故を起こしたあとで、「ああ、あのときにもうちょっと左に寄っていればよかったな」と言っても、命がないこともあります。それと一緒です。やはり自動的に、そういう車の流れを見ながら、そして、人の動きを見ながら運転をしていくという訓練、これが大事なことであるのです。

こうしてみると、「車の運転みたいなものか」と思ってみると、そう難しいものではありません。

反省の方法にも〝交通ルール〟と〝運転マナー・技術〟がある

みなさんは、反省というのは「不自由なものだ」と思うかもしれません。ハンドルとかブレーキとかアクセルとか、こんなものをいっぱい使わなくてはいけないので難しいと思うのでしょうが、もし、では逆に、「何もルールはございません。交通ルールはゼロです。自由に走ってください」とやられたら、大変なことになります。近辺だって、もう走れないでしょう。「どこから、どういう車が、どういう速度で走ってくるか」は予想がつかないのですから。

本当に自由だと各人が思うことが、真の自由ではないのです。右側からでも左側からでも走っていいのであれば、高速道路などはどんなふうになるのでしょうか。それが本当に自由でしょうか。自由ではないのです。

一方通行、あるいは左側通行ということを決められていて、そして、そのルールどおりに走っている人たちは「不自由だ」と思うかもしれないけれども、そういうルールがあるからこそ、運転が自由にできるのです。もしそれが、もう「どういうふうに運転してもいい」ということになったら、これは不自由です。もう四方八方《しほうはっぽう》に気を配らないと、どうにもならなくなってきます。

それから、自分の自由を制限されることも非常に多いのです。自分は「こうしたい」と思うのに、他の人も自由に何でもしていいわけですから、制限されることが多い。

このように、結局、運転と一緒でありまして、「反省の方法」というものにも、交通ルールと同じようなルールがあります。そして、その〝交通ルール〟に則《のっと》って運転するところの〝運転マナー・技術〟というものがあります。この両者が必要である。そういうことが言われているわけなのです。

反省における〝運転の技術〟は、心をどうコントロールしていくか

そして、この〝運転の技術〟について、さらにお話をしておきますと、結局、

「心のコントロール」ということに行き着くのです。心をどのようにコントロールしていくか。

こう聞いても、分からない人はいっぱいいるのです。うなずいている人もいるけれども、八割か九割は、私の言っていることは分からないのです。「心をコントロールする」などと言われて、「ああ、コントロールするのか」と言いながら分からないのです。

自分が次に考えること、思うことを操縦できますか。どうですか。できますか。できないでしょう？　実際できないはずです。

勝手に、思いが、いろいろな考え方が出てくるでしょう？　ボコボコ、ボコボコと出てくるでしょう？　「ああ、こんなのが出てきた」「あんなのが出てきた」という、あぶくみたいなものです。雨だれが落ちて、下でいろいろなあぶくといいますか、泡《あわ》がいっぱいできてきますけれども、ああいうふうな感じで雨だれがどこに落ちるか分からないのです。「落ちた所で泡ができる」、それだけのことのような、そういう心の動きではありませんでしょうか。

自分が二分後、三分後に何を考えるか分かりますか。その考えることを自分でコントロールできると思いますか。

そう言われてみると、急に不安になるでしょう。考えたことがない人がほとんどなのです。「考えたことがない」というよりも、「考える」という習慣のない人のほうが実は多いのです。考えることができない人というのは、いくらでもいるのです。みなさんのなかにも、実はいるのです。

反省するには、外部からの情報を遮断《しゃだん》し、自分一人の時間を取る

みなさんは、じっと考えるということができますか。何かについて考えるということができますか。いつも何か、手を動かしたり、目を動かしたり、耳を動かしたり、何かしていないといられないのではありませんか。

私はそういう人をずいぶん見てきましたが、部屋に入るなりテレビのスイッチを

入れる。いるでしょう？　どうですか。入ってくるなりです。ある人のところに遊びに行っていちばん驚《おどろ》いたのは、入ったらテレビのスイッチを入れるのです。「おい、人が来たのにいきなりテレビか」と思うのですが、それがその人の習慣なのです。

もう、何も情報が入らないところではいられないのです。「静かで音も入らない、人の声も聞こえない、何も映像もない」というところでいられないのです。こういう人はいくらでもいます。車で言えば、すぐカーステレオをつけないといられない人です。

沈黙《ちんもく》に耐《た》えられない。一分も耐えられないのです。何か聞いているか、見ているか、しゃべっているか、何かしていないといられない。こういう人は、みなさんのなかにそうとうの数、実はいらっしゃるはずなのです。

こういう人は、まず反省はできないと思ってください。こういうタイプは、基本はできないのです。その生活スタイルをまず変えないと、反省などというのは金輪《こんりん》際《ざい》できやしないのです。

それは、頭が「考える」ということにまったくなじんでいないのです。それは、「何かをさせられている」という〝作業〟・〝訓練〟です。何か、とにかく〝振動《しんどう》〟していないと収まらないだけなのです。それは、外部からの情報を一方的に受けて、それについて反応しているだけなのです。外からのいろいろな情報が入ります。音とか色彩《しきさい》とか、いろいろなものが入って、それに反応しているのです。それは「考えている」のではなくて、実は反応をしているのです。「考える」ということは、そういうことではないのです。

「考える」ということは、そうした情報を遮断《しゃだん》されたなかで、自分自身の「ものの見方」、それから「思い」というようなものがどういうものであるかということを、しっかりと描《えが》けることをいうのです。

こうしてみると、「考える」ということを一つ取っても、そう簡単にできることではないのです。「ああ、そうか。俺《おれ》は『反省できない、反省できない』と思ったが、結局、テレビをいつもつけていないといられない。この性格のことを実は言われていたのか」と思う方は多いでしょう。そのとおりなのです。

まず、反省をするためには「沈黙」ができるということが前提です。しゃべらず、聞かず、見ない。こういう状況《じょうきょう》において、自分を置いておける。これが大事なことなのです。これができない方は、まず反省に入れないのです。

そういう、情報を遮断されたなかでいられるか。

そのなかにいると、モゾモゾしてき始めます。何かモゾモゾして、いられない。ちょうど、タバコの禁断症状《しょうじょう》、お酒の禁断症状と同じようで、情報遮断されてしまうと、もうじっとしていられなくて、「何か……、何か読むものはないか、何かないか」と思い始めるでしょう。ここが肝心《かんじん》なのです。

そういうときに、情報を遮断されたなかで、初めて、「ああ、心というものがあるのだな」ということに気がつかなければいけないのです。「何か胸のへんに生き物みたいなものがあって、いろいろな思いを持っているのだな。そういう思いを発し、考えることで生きているのだな」ということを知らなければなりません。

ゆえに、外界との遮断をして、内に目を向けることが第一歩になります。これができることです。

ですから、「反省、反省」と言って知識的に言っても、たぶん分からないと思いますから、そうした外部からの情報を遮断して、自分一人になる時間をまず取ることです。

「心のなかが澄《す》み切らない原因は何か」を考える必要がある

そして、自分一人でいると、そのときに初めて、考えていること、つまり「自分が何を思いついているのか、どんなことを考えているのか」ということが、映像として、白黒テレビあるいはあのチャップリンの白黒映画のように何か見えてきます。

「ああ、今こういうことを思ったのだな」「今日一日、自分が考えていたことは、ああ、あの人のことばかりだったのだな」とか、「ちょうどさっき、お昼ご飯《はん》を食べたが、そのときに考えていたことは、こういうことだったのだな」「食べ終わってから考えたことは、こういうことだったのだな」「今、自分は、『そういうことを考えていた』ということを考えているのだな」「これから先も、一秒後には何かを思うのだな」、こういう「思い」というものを見つめる習慣が出てくるようになります。これが大事なことなのです。

そして、しばらく、その状態のなかで心を鎮《しず》めていくのです。そうすると、泥水《どろみず》がかき混ぜられたあと、しばらくすると次第しだいに幾層《いくそう》にもなって沈殿《ちんでん》していくように、忙《いそが》しく動いていた思いというのが次第に沈殿してきます。何層にもなってきます。重いところに溜《た》まっていくもの、だんだん上澄《うわず》みになっていく部分、これが出てくるのです。

そして、静かに自分を見つめていても、どうしてもどうしても澄み切らない部分というのがある。どうしてもどうしても澄み切らない。重いものは落ちたが、まだ、そう重くないものはどうしても澄み切らないで漂《ただよ》っている。これはいったい何なのだろうか。何なのだろう。それを自分で考えてみる必要がある。いったい何が、この澄み切らない原因なのだろうか。

こうして思ってみると、「ははあ、この澄み切らない原因を探究するには、『八正《はっしょう》道《どう》』というのを聞いたことがあるな。これで点検していけば、実は分かるのではないだろうか」、そう思ってみるわけです。心のなかで澄み切らない部分、濁《にご》っていると思われる部分、これが何か。これを順番に点検してみましょう。

3　原因・結果を分析《ぶんせき》的に見る「正見《しょうけん》」

霊的《れいてき》な器官としての「目」で、自分自身の実像を映像化する

そうすると、八正道《はっしょうどう》のなかには、まず「正しく見る」という行為《こうい》がありました。正しく見るということは、漠然《ばくぜん》としていて、そう簡単には分からない。そう簡単には分からないが、「見る」という以上は、おそらくは目の機能を通して捉《とら》えるもののことをいうのだろう。

では、要するに、目を通して物事を考えればいいわけだな。自分の目を通して見たもの、これが何であったかを考えてみよう。今日はこういう人に会って、その人を見た。見てどう思ったか。それは、その人に対する正当な評価だったのだろうか。見た瞬間《しゅんかん》、「ああ、嫌《いや》な人だな」と思わなかっただろうか。この「見る」という行

為を通して、いったいどういうことを自分はしてきただろうか。それを考えてみる。

この「見る」というところは、情報の一つの入り口です。この目を通して何を見ているか。これは大事なことなのです。私たちは他人《たにん》様の姿を必ず見ている。

そして、さらに高度になってくると、他人様を見ているだけではなくて、この目は自分も見ていることに気がついてきます。「自分自身も見ているのだな。自分を今日どう見たんだろうか」と。

朝からの自分というのを振《ふ》り返ってみると、不思議なことですが、目は前に付いていて自分の姿が見えないはず、鼻の先ぐらいしか見えないはずであるのに、朝からの自分というのを映像化できます。不思議ではありませんか。どうですか。

起きてから今までの自分というのを映像化しようとしたら、できます。この目では見えるはずがないのに、鼻の頭とまつげぐらいしか見えないはずなのに、自分の一日、朝起きてからどうであったかということを映像化できる。不思議です。

これは、「目」という器官が、単なる光を捉えている、そういう物理的な器官ではないということを意味しているのです。目は「霊的《れいてき》な器官」なのです。霊的な器官で、顔に付いているけれども、実は、その霊的な器官としての目は、いろいろなものを四方八方《しほうはっぽう》見ることができる。自分自身の実像も見ることができるのです。この目は、外だけを見ているのではなくて、内側からも見られるのです。霊的には、内も見られるのです。内も外も見える。

いや、実は飛び出して外からも見ることができる。そうした機能を持っているのです。なぜなら、自分の姿というものを映像化し、どうであったかを映像化できる、そういう機能があるのです。

正見《しょうけん》で「原因・結果」の連続を分析《ぶんせき》的に捉《とら》えて問題を片付ける

そうしてみると、この目の機能をさらにさらに高度にしていくと、いろいろなものが見えてくるようになります。

単に他人様の姿、自分の姿だけではありません。その映っているビジョンを見ているときに、動きがあります。〝何か〟があって、そのあと、〝どのようにかなる〟。こういう「原因と結果」というものがあります。「原因・結果」が、必ずあるはずです。

そう。例えば、あなた自身の今日一日を見たときに、この会場に来る前にどうであったか。

そう考えてみると、天気が悪くなってきた。雨が降ってきた。タクシーに乗ろうとしたが、タクシーがなかなかつかまらなかった。たまたまつかまったタクシーに乗ってみたら、運転手の機嫌《きげん》が悪かった。

その結果、ここに来てみると、やはり座《すわ》っても機嫌が悪い。そういうことがあるかもしれません。ところが、「聖霊《せいれい》の歌」（CD「RYUHO《リュウホウ》 OKAWA《オオカワ》 ALL《オール》 TIME《タイム》 BEST《ベスト》 I《ワン》」に収録）がかかったら、急に機嫌がよくなった。そういう自分があるわけです。「原因・結果」がつながってきているのです。

CD「RYUHO OKAWA ALL TIME BEST I」(作詞・作曲 大川隆法、発売・販売 幸福の科学出版)

こうしたことが、一つひとつ分析《ぶんせき》できるかどうかです。

そういえば、「聖霊の歌」を聴《き》くと気分がよくなったが、その前はなぜ気分が悪かったのだろうか。

振り返ってみると、ああ、雨が降っていた。雨が降ってどうなったか。タクシーがなかなか来なかった。やっとの思いでつかまえたら、その運転手が愛想が悪かった。「この車はどこのナンバーか見て、あとで訴《うった》えてやろうか」と思ったとか、いろいろ思っています。そして、降りてきた。

こういうことが原因で、実は不愉快《ふゆかい》な顔をしてここの会場に来た。それで知り合いの人に会っても、ブスッとして挨拶《あいさつ》もしなかった。相手はその自分を見て、「何だ、陰険《いんけん》なやつだな」と思った。

まあ、こういうのがフィルムのコマのように見えてきます。

このように、「分析していく」という見方が極《きわ》めて大事なのです。

ですから、この「八正道」のなかの「正しく見る」という「見る」は、「原因・

結果」のこの連続を、しっかりと捉《とら》えていくことが大事なのです。

自分がこういうことをしたのは、何が原因であったのか。そして、やったあとどうなった。そして、その結果を原因として、さらに次のことが何か起きたはずだ。それはどうなのだろうか。

このように分析的に見ていくことが大事なことなのです。

あるいは、ある人を見て、その服装を見て嫌だと思った。嫌な印象を受けた。「どうして嫌な印象を受けたのかな」と、自分のなかの、頭のなかのフィルムを巻き戻《もど》してみると、実は一年前に同じような色の服を着た人から悪口を言われた。それを忘れていたけれども、そのイメージがあって、どうも緑色を着る人はみんな自分の悪口を言うような気がして、見た瞬間に不愉快に思った。

しかし、本当にその人の人格が気に食わなかったのかといったら、いや、そうではない。イメージとして、ああいう服を着た人が自分の悪口を言ったのを思い出して、自分はそう感じたに違《ちが》いない。こういうことが分析できるようになると、もう極めて問題が簡単に片付いていくのです。

世の中の悩《なや》みや苦しみ、不満、不安、こんなものの原因は、「なぜ自分がそう思うのか」、これが分からないからです。自分がなんでそう思うのかが分からないのです。

なぜそう思うのか。これが説明できたら、その段階でほとんど悩みは消えてしまうのです。たいていの人は説明がつかないのです、分からないのです。なんでそうなっているのかが、さっぱり分からないのです。

この説明をつけていくことが大事なのです。そのための一つとして、「見る」ということを通して分析していくことが大事なわけです。これが「正しき見解」です。

4　言葉を点検する「正語《しょうご》」

言葉は人間の地上活動のなかで極《きわ》めて霊的《れいてき》なもの

それから、「反省は調整の原理である」という話も先ほどいたしましたが、そうすると、「語る」ということは非常に大事なことです。言葉、これは大事で、みなさんが実際に反省をしてみると、いちばん大事なのは、この言葉の部分であることが多いのです。「他の人に謝《あやま》らなければならないような状況《じょうきょう》をつくった」というのは、ほとんど、この口から出ています。

それは、釈迦《しゃか》が言っているだけではありません。イエスもはっきりと言っています。言葉の大事さです。「正語《しょうご》」についての反省、これがいかに大事であるかをイエスは教えていたのです。「口から入るものによって人は汚《けが》されることはない。口から出るものによって、口より出《い》ずるものによって汚されるのである」、そう言っています。

これは、言葉というものがいかに大事であるかということです。「言魂《ことだま》」と言いますけれども、実際、大事なのです。人間の地上活動のなかで、言葉というのは極《きわ》めて霊的《れいてき》なものなのです。極めて霊的なのです。

それは、私たち地上に生きている者にとっては、その言葉が一定の振動数《しんどうすう》に翻訳《ほんやく》されて、耳の鼓膜《こまく》を通って聞こえますが、実際は、この地上を去った霊的世界に行きますと、そういう空気の振動で伝わってくるのではありません。この言葉になるような「思い」というのがストレートにポンと入ってきます。しかし、思いは思いとして、やはり言葉に翻訳されるような思いであるのです。

ですから、思いを知ろうとしたら、その言葉のところをどうしても点検しなければいけないのです。言葉のところを点検することによって、「思いとは何であるのか」「自分の考えが何であるか」ということが極めてはっきりしてくるのです。ゆえに、言葉というものを点検する訓練が非常に大事です。

「言葉を発したあとに相手の表情がどうなるか」を見る訓練が大事

この「言葉を中心とした反省」は、ある意味で簡単です。

先ほど、正見《しょうけん》の反省の方法として、「自分の一日を――もちろん、過去の何年、あるいは半生《はんしょう》を思い出しても結構なのですが――自分の過去を映像のように見ていく」と言いました。

それを、例えば四コママンガあるいは八コママンガのような、マンガにたとえてみるならば、その映像は言葉が出ていないマンガと一緒《いっしょ》です。これに口から言葉を出せばいいわけです。そのマンガでそういうショットが出てくる、映像が出てくるが、そのときにどう言ったのか、その言葉が出てくるはずです。マンガが成り立つためには言葉がある。「あのとき、どう言ったか」ということなのです。

ゆえに、反省のためには、「自分が何を言ってきたのか」ということを記憶《きおく》し、思い出すということが大事なのです。人を傷つけたのは、たいてい不用意な言葉です。本人は気にも留《と》めていないことがよくあります。

そのときに、自分の言葉を点検するための、いちばんいい方法があるのです。それが何であるかというと、言葉を発したあと、相手から視線をそらしてはいけないということです。自分が発したあと、相手は必ず受け止めます。それは一秒もかからない時間で受け止めますが、必ず表情が動きます。何らかの表情を示します。それはプラスであるかマイナスであるか、明るく出るか暗く出るか分からないが、自分から発せられた情報を、必ず、相手というものは受け止めます。それに対する反応が出る。

ですから、自分の言葉というものを点検したかったら、「しゃべったあとに相手の表情がどうなるか」というのを見る訓練をする必要があります。これは大事なのです。

ところが、不用意に人を傷つける人の特徴《とくちょう》は、しゃべりっぱなしなのです。ポンとしゃべると、目をもう伏せています。ポンと、「俺《おれ》は嫌《きら》いだよ」と言って、たいていの人は相手の顔を見られないのです。「おまえ、嫌いだよ」と言って目を伏せて、よそを向いています。こういうものです。

ですから、人と話をするときに、自分が相手の顔を、その後どうなるかを見ているかどうか、点検してみてください。

悪い言葉をよく吐《は》く人は、相手の顔をまともに見ていないのです。だから、自分がいい言葉を発しているか悪い言葉を発しているかを知りたかったら、「しゃべったあとに相手の顔をじっと見る」、そういう習慣があるかどうかを見ればいい。見る習慣がなければ、悪いことを言っている可能性はかなり高いのです。悪いことを言うと、本能的に相手の目を見られないのです。相手を傷つけることを言うと、まともに見られないのです。必ず目をそらしたくなります。

ゆえに、言葉を話すときに、話したあとでも相手の表情を見続けることができる、フォローすることができるような、そういう言葉をしゃべることです。では、どういうときに、目は相手の目から離《はな》れずに、相手の表情から離れずに見ていられるかということ、相手が喜ぶようなことを言った場合です。違《ちが》いますか。

「あなた、きれいですね」と言ったときに喜ぶでしょう。その喜びの笑顔は、必ず見るでしょう？　見ませんか。どうですか。見るはずです。「あなたはきれいだね」「あなた、いい服を着ていますね」などと言ってうつむくとか、「今日はいい天気ですね」と言って目を隠《かく》すとか、こういう人は普通《ふつう》少ないのです。相手がほほえんでくると期待されるときには、そのほほえみを見たくなるのが人間の習性なのです。いいですか。

今、正しい言葉の「点検の基準」をまず言っているのです。家に持って帰って夜中に反省するだけが、正しい言葉の反省ではないのです。出した瞬間《しゅんかん》に分かる。「出した瞬間に、相手の目を見続けるような自分でありなさい」と言っているのです。相手の表情の変化を見られるような自分でありなさい。相手の頬《ほお》が引きつって、ピーッと走って青筋《あおすじ》が立って、それでニンマリするような人もなかにはいるかもしれませんが、こういうのは異常な性格で、そこまで異常であれば自分でも分かるでしょう。「してやったり」と思ってニマニマ笑う方もいるかもしれないけれども、そういう心は必ず感じるでしょうから、これは例外です。こういう人は例外といたしまして、そういうことなのです。

これが「正語」です。正語の反省は、その場で分かるけれども、あとは家へ帰ってからでも、もちろん構いません。寝《ね》る前の反省も大事ですから、その場合は、自分の発した言葉をよく覚えて点検する練習をしなさい。

言葉で相手を傷つけたと思ったら、すぐにフォローすること

悪いことを言った場合にはすぐ反応が出るから、そのときに「いかん！」と思ったら、態度を変えることです。その瞬間に変えておくことです。「傷つけたな」と思ったら、この言葉が本心であったか、あるいは〝半分の心〟であったかは知らないけれども、「あっ、相手が嫌《いや》な顔をしたな。傷つけたな」と思ったら、必ずそれ

をフォローすること、それをカバーすることです。必ずカバーすることです。

テニスのサーブだってネットに引っ掛《か》かったら、もう一本打つではないですか。であるならば、私たちの言葉でも、言い間違って相手を傷つけたと思ったら、すぐにその場で次の言葉を発することです。間違いがあったならば、その間違いを正す。十分に思いが伝わらなかったら、そのことをはっきり告げる。

あるいは、単に自分の機嫌《きげん》が悪いということもあります。これはよくあります。筋肉痛、睡眠《すいみん》不足、二日酔《よ》い、いろいろあります。これは実に難しいことです。正法行者《しょうぼうぎょうじゃ》といえども、こうしたコンディションの変化にはなかなか耐《た》えられない。十分に睡眠を取り、十分に食事を摂《と》り、そして栄養が満点で元気いっぱいだったら正しい言葉も言えるが、毎日、睡眠不足で過労気味だったら言えないのです。なかなか言えない。これは、極めてつらいところもあります。

そういうときの救いは、一つ。「すみません、睡眠不足でした」「すみません、今日はちょっと調子が悪いのです」、こういうことでもいいのです。それでも相手の傷は間違いなく癒《い》えます。「ああ、最近ちょっと過労気味なので、ちょっと失礼なことを言ったかもしれない」、そういうことでもいいのです。それでもいい。それでも、「ああ、そうかな」と思ってくれます。

なぜそういうことを言ったのかが分からないと、苦しいのです。本当に「自分が悪いのか」と思って相手が苦しんでしまいますから、調子が悪いときは、「調子が悪いのです」と、そのあと素直《すなお》に言ったらいいのです。

もし恥《は》ずかしかったら、「ごめんなさい」と言うのが恥ずかしかったら、「今日、ちょっと調子が悪いのです」と一言《ひとこと》言っておけばいいのです。「今日の天気みたいなものなんで、気分が晴れないんです」と言っておけばいいのです。それだけでも違います。その気持ちを持つか持たないかで大きく変わってきます。

5　思いの向いた方向を考え、分析《ぶんせき》する「正思《しょうし》」

思いは心という発電機から発せられた電力のようなもの

「正見《しょうけん》」「正語《しょうご》」という話をしました。八正道《はっしょうどう》のいちばん大事なところで、「正思《しょうし》」「正しい思い」というものがあります。

これは、いつも反省の話をしても、これを言えば大変な時間になりますというので言えないでいるのですけれども、この「正思」のところ、「正しい思い」ということは極《きわ》めて極めて大事なことであるのです。これが分かるために人生修行《しゅぎょう》をやっているようなものなのです。結局、そういうことなのです。

ただ、映像的に言うとすると、私たちの心というのは一つの発電機のようなものなのです。発電機のようなもので、常に何か電流を放っているのです。電流を放っている。何か〝電気を製造している〟のです。そういうものなのです。

ちょうど、どうでしょうか。水力発電のダムのタービンのようなものでしょうか。落差のある所から水が落ちて、そして、タービンが回っているような、そういう状態に近いのです。いつも何かを発電しているのです。

その何かというのは、霊的《れいてき》世界に付け加えているのです。自分が放電しているのです。みなさん一人ひとりが発電機なのです。発電機であって、いろいろな外部からの情報とか事実、これが水が落下している事実と一緒《いっしょ》なのです。水が落下してタービンを回しているのです。これによって、必ず何かを発電しているのです。そういうものだと思ってください。

したがって、みなさんの心から出てくるものが、実は、この世の中を動かし、また、この世の中だけではなく、この世を含《ふく》めたあの世まで動かしているのだということが事実であるのです。

要するに、地上を去った実在世界というのが何か分からなければ、「もう心の世界なんですよ」と、「思いだけしかない世界だ」と思ったらいいのです。手も足も口も鼻もなくても、思いだけがあるでしょう。「思い同士が、思いだけが世界をつくっている」、そういう世界なのです。「その思いがきれいだったら、それを『天国』と言うのです。それが汚《きたな》かったら『地獄《じごく》』と言うのです」と、そういうことなのです。

ですから、自分でも分かるでしょう？　「天国・地獄というのは、あの世にない」「天国・地獄はこの世にあり。この世の延長にあり」と、そういうふうに言いますが、考えてみれば分かります。自分が思っていることを、一つの世界として言葉に翻訳《ほんやく》したならば、あるいは映画にしたならば、「天国の風景」か「地獄の風景」かぐらいは自分で分かるはずです。そうです。見るに堪《た》えないものなら、それが「地獄」であるのです。見て心地《ここち》よければ、それは「天国」であるのです。そういうことなのです。

したがって、常に何かの電力を製造しているか、あるいは映像を放ち続けているか、新しい世界に何かを加えようとしているのがみなさんの「心」であり、心から発せられる「思い」であるのです。

ですから、「思い」というものは、「心という発電機から発せられた電力」であるのです。あるいは、「その電力を通じて動かされるいろいろな現象、〝電気現象〟」であるのです。これが思いなのです。

「思いをコントロールしていく」ことは大きな義務

ゆえに、みなさんは〝発電機〟ですから、この発電を、この電力を有意義なものに使っていかねばならないということを、まず思うことです。

電力そのものは、価値中立的なところがあります。それは、本来的にはもちろん、いいものとして使われたのだけれども、電力そのものを悪く使おうとすれば大変なことになります。

それは感電すれば、人間ぐらい死んでしまいます。一発で死んでしまいますし、それで、電力で、電熱器とかいろいろなもので火を起こすこともできますが、使い方を間違《まちが》えば火事になってしまいます。電気こたつだって火事になってしまいます。いろいろなことがあります。その使い方で、ボルトが高すぎれば、人間はみんな感電して死んでしまいます。恐《おそ》ろしい話です。

「００７《ゼロゼロセブン》 消されたライセンス」という映画がありますが、それを観《み》ていますと、新しい００７《ダブルオーセブン》は、危険な敵地、敵の家のなかに乗り込《こ》んでいって、その警備員と格闘《かくとう》しているのですが、そこに水槽《すいそう》がありまして、電気ウナギが泳いでいるのです。

相手はガンを持っているのだけれども、自分は素手《すで》なので、どうやってあれを落とすかということです。すると、引っ掛《か》けるものがあったので、下から足のところへ引っ掛けてキュッと引っ張るとパタンと落ちまして、電気ウナギのなかにポーンと入っていると、ビリビリビリビリとなって片付いたのです。

このように、電力というのはプラスだけではないという話がしたいのです。「このように悪いことをすることもありますよ。人を殺してしまうようなことだって、実際はあるのですよ」と、そういうことを言っているのです。

したがって、みなさんが思う、心のなかで思うその思いは電力と一緒だから、必ず放電している。その放電で人を痺《しび》れさせてしまうこともあれば、それが有用に使われて、よい電化製品を動かして社会の役に立つこともできるのです。そういう危険性もあるけれども、プラスの面もあるのです。

そして、プラスの面を生むためにはどうしたらいいかというと、正当なルートに乗せることが大事です。正当な電線に乗せて、そして家庭につないで、その電圧を下げて、そして、各々《おのおの》使うことが大事です。

これと同じように、みなさんの思いというのは、〝発電自由〟だけれども、いろいろなことを発電できます。相手を罵倒《ばとう》することだってできます。土下座して謝《あやま》ることだってできます。いろいろなことができるが、これは、やはり、上手に使わないと有用なものにはならないです。「発電の自由だけでは駄目《だめ》ですよ」ということを言っているわけです。

そうしてみると、「そうだ。自分の考えることが、思うことが世の中を実際は変えているのだ」、そう思うと、「これは大変なことなのだ。大きな義務なのだ」ということになります。

「思いをコントロールしていくということは大きな義務だ。地獄の領域が増えているということは、実際、マイナスの思いを出している人がいっぱいいるのだ。電流が悪いほうに使われていることが多いのだ。これは、いいほうに何とかして使わなくてはいけないな」と。

思いの点検基準は、「幸福」を広げる方向に思いが向いたかどうか

その「いいほう」とは何だ。何がいいほうなのか。

そうしてみると、私たちが間違いのない方向として教わっていることは、「多くの人たちを幸福にしていく方向で思いを使え」ということです。簡単に言えば、こ

の一点なのです。

そうしてみると、「正しく思う」ということの思いの点検基準は、「幸福」というものを広げていく方向に思いが向いたか、それとも、それを妨《さまた》げる方向に向いたかという、この一点に集約することさえ実際は可能であるのです。そういうことなのです。

この「八正道」は、他のいろいろな反省の方法もありますが、今日、特に言いたいのは、この「正しき思い」のところです。この思いは、世の中をつくっていくエネルギーであり、人を害することも益することもできます。世界を幸福にすることも不幸にすることもできる。そういうものです。

ですから、この「正しい思いとは何か」を一言《ひとこと》で言うならば、自分が心のなかで考えて、発電したそのエネルギーは「利他《りた》」、他の人を利する方向に向いているか、世間《せけん》をよくする方向に向いているか、そして、神の一部である「自分自身」をもよくする方向に向いているか、ということなのです。それをよくよく考えなさい。

沈黙《ちんもく》の時間を取って心のなかに去来《きょらい》したことの一つひとつが、本当に神様の創られた世界をよくしていくために役に立っているかどうか、役に立ったかどうか、そういう方向に向いていたかどうか。それをよくよく分析《ぶんせき》してみなさい。そういうことなのです。

以上で話を終わらせていただきます。ありがとうございました。

第5章

無限の愛とは何か

一九八九年十一月十二日　説法《せっぽう》
千葉県・東京ベイＮＫホールにて

1 「ベルリンの壁《かべ》」崩壊《ほうかい》のなかで感じた「愛」の問題

今日は、「無限の愛とは何か」という演題ですが、初めてお出《い》でになった方も数多くいらっしゃると思いますので、分かりやすい話から入っていきたいと思います。

東ヨーロッパではベルリンの、あの閉《と》ざされた壁《かべ》が取り除かれるという、歴史的な事件がありました。

私もテレビで観《み》ておりましたけれども、同じドイツの人間でありながら、同じ一つの都市に住んでいる人間でありながら、ある者は東側に住み、ある者は西側に住んでいるという、ただそれだけの事実のために、数十年という長きにわたって、肉親、友人同士も会えないという、そういう現実が続いていたわけであります。

そして、その壁を乗り越《こ》えて東から西へとなだれ込《こ》んでくる人たちの顔を見、また、西から集まって東の人々を受け入れんとしている人たちの顔を見て、私は、そこに「愛とは何か」を語るものがあると感じたのであります。

愛とは、結びつけ合う力です。

ところが、私たちはいつしか、生まれ落ちてよりこのかた、自分が身につけたところの思想や信条、イデオロギー、また偏見《へんけん》によって、他の人と自分との間に大きな壁をつくっていくのであります。

私は、こういう真理の世界に目覚めてより、数多くの人々に接し、数多くの人々の悩《なや》みに接してまいりましたが、愛について語るとするならば、そこにある事実はただ一つでありました。

人と人の間に壁があるかどうか、境目があるかどうか、境界があるかどうか、障《しょう》壁《へき》があるかどうか、垣根《かきね》があるかどうかということであると感じました。

愛が「結びつけ合う力」であるのに対して、「愛に反する力」はことごとくこの逆を目指すものであります。それが何であるかと言うならば、「排斥《はいせき》し合う力」であり、「人と人との絆《きずな》を断《た》ち切ろうとする力」であります。また、「相和《あいわ》している者同士を憎《にく》しみ合わせる力」でもありましょう。

冷静な目で世の中を見るとするならば、この二つの力がせめぎ合っているようにも見えるのであります。

昨日《きのう》まで愛し合っていた者同士が、今日、相手の欠点を見、相手の悪いところを言葉にて指摘《してき》し、そして、「どうして、今までこういう人と仲良くやってこられたのだろうか」と、ふと、今までの自分が真実の自分でなかったかのような、そうした錯覚《さっかく》に陥《おちい》ることがあります。

けれども、私は、それが、人間として生きているうちに何度も何度も繰《く》り返して起きてくるところの、心のなかの葛藤《かっとう》であろうと思います。

そうです。私たちは、いろいろな人々との出会いのなかにおいて、いろいろな人々との共に生きていく関係のなかにおいて、常にこの二つの力のなかに置かれているのです。

「結びつけ合う力」を選び取っていくか、それとも、「退け合う力」のほうに流されていくか。

常に、この単純な二つの力のどちらかに、私たちは加担していると言って過言ではないでしょう。

さて、今日、私がみなさんにお話ししたいことは、単に、宗教的に、あるいはキリスト教などにおいて、「愛が素晴《すば》らしいものだ」と説かれているから、その教えをみなさんに守ってほしいというだけではないのです。もっとみなさん自身に、身近なところから、その愛の問題を考えていただきたい、そう思うのであります。

私は、教条的な、あるいは一つのドグマ（教条）とでも言うべき価値観を押《お》しつけることをもって、よしとは思いません。人にはそれぞれ、各人の持っているところの素晴らしい性質があります。素晴らしい心の傾向性《けいこう》があります。私は、その各人の心の素晴らしい傾向性を信ずるものであります。

ゆえに、愛が素晴らしいからだけではなく、みなさんがたの一人ひとりの心のなかに素晴らしいものがあると思うから、その心のなかなる素晴らしきものに対して、私は訴《うった》えかけたいと思うのであります。話は、人間の本質にかかわることになるでしょう。

2 「あの世は厳然としてある」という百パーセントの真実

「神」という言葉さえ時代遅《おく》れの感がある現代日本の問題

今日、何らかの縁《えん》があってここに集《つど》われた六千名のみなさんは、多少なりとも、私たちが「真理」という名で呼んでいるところの、この思想に触《ふ》れたことがおありでしょう。あるいは、単に友人に誘《さそ》われて来ただけの方もいらっしゃるかもしれません。

けれども、現代の日本においては、「神」という言葉さえ、時代遅《おく》れの感がいたします。それを口にするだけで恥《は》ずかしく思われる人も数多くいらっしゃることでしょう。自分自身は信ずることができたとしても、他の人の前でその言葉を口にすることができない人も数多くいるでしょう。

そうした、口にすることさえはばかられるところの、神の理《ことわり》というものを、何ゆえに信じ、そして知り、かつ、人に伝えることができるだろうか。それは極《きわ》めて困難なことのように思えることでしょう。

私は自分自身の歩みというものを振《ふ》り返ってみて、みなさんに、こうした考え方を理解いただくことがいかに難しいことであるかを知っています。そうして、多少なりとも、その理解が得心のいくものであったとしても、ご自分のその考えを他の人に伝えることがいかほど難しいことであるかを知っています。

けれども、私は、みなさんに言い続けています。事実は事実、真実は真実であると――。

一九八一年三月二十三日、目に見えない世界からの啓示《けいじ》を受けた

もし、私たちが今説いているところの、この真理なるものが、まったくのまやかしであり、まったくの興味本位なものであり、まったく多くの人々を惑《まど》わすような

ものであったならば、過去、真理の探究をしてきた私の八年間は無駄《むだ》になってしまいます。

しかし、私は、実体験した者として、どうしてもどうしても言っておきたいのです。

一九八一年三月二十三日、私は、目に見えない世界からの啓示《けいじ》を受けたのであります。まったく目に見えない世界からの——。

それまでに、「神」とか「霊《れい》」とかいう言葉に対してアレルギーを持っていたかといえば、そうとまでは言いません。「神」というようなものもあるだろう。「霊」というようなものもあるだろう。この地上を去った世界もあるだろう。しかし、そうしたことはすべて、私のこの頭のなかでは、一つの思想として、また、「ありうべきこと」として整理されておりました。

しかし、その私が今から八年前に、「天上界《てんじょうかい》」といわれる、この地上界を去った世界から啓示を受けたときに、私は、「あの世がある」というようなことを、五十パーセント信じるとか、六十パーセント信じるとか、八十パーセント信じるとか、九十九パーセント信じるとか、そういうようなことでは済まされなくなりました。

それは百パーセントあるものであったのです。厳然としてあるものであったのです。否定を許さないものであったのです。

たとえ、現在の日本の国民の五割、六割、七割の人が、「そんなものはありえない」と一笑《いっしょう》に付すとも、事実は事実、真実は真実。

自《みずか》らの良心を信ずることができる人間として、自らの良心を信ずる以外に真実の道を歩むことはできないと考えている人間として、私は嘘《うそ》を言うことができないのです。

事実は事実、真実は真実――。

そして、そうした霊的な現象は決して一過性のものではありませんでした。その日だけのものではありませんでした。今日《こんにち》まで八年間、そうした霊的な啓示がない日は一日たりとてありませんでした。

今、みなさんがたに語っている私は、肉体を持って「大川隆法」という名で呼ばれているが、みなさんの前で語っているのは、〝私であって私でないもの〟があるのです。これは、この地上を去ったはるかなる世界から、今、私がみなさんに言っているところの、啓示を与《あた》えているところの高級霊からの「支援《しえん》」を、「インスピレーション」を受けているのであります。私はこの事実を百パーセント知っているのであります。

ゆえに、こうした講演の会場で、間近に、みなさんがたの顔を見ながら私は訴《うった》えているのであります。

真実の世界を知るために、一人一冊は真理の書を読んでいただきたい

すでに、そうした事実の証明としては、八十数冊の書物のなかで、連綿として私は出し続けてまいりました（説法当時）。本年もすでに三十冊の書物が世に問われています。創作で書けるものではありません。これは、目に見えない世界からのそ

うした啓示を受け続けなければ書けるものではないのであります。それを、活字によって、「文証《もんしょう》」として、みなさんがたにお伝えし続けました。

けれども、悲しいかな、これだけの活字文化を誇《ほこ》るところの日本で、目覚めていない人がいかに多いかを。間違《まちが》った人生観の下《もと》に生き続けている人がいかに多いかを。

書物をいくら出しても出しても、一人ひとりの手にはなかなか届きません。三百万部や四百万部の出版など、こんなものは問題外なのです。最低限が一億二千万部。当然のことです。一人一冊、真理の書を読んでいただきたいのです。これが許される最低限度なのです。

なぜならば、日本に生きているところの一億数千万人の人たちは真実の世界を知らないのです。そして、それを否定することをもって知識人であるかのように装《よそお》っているのです。

3　地上で「愛の教え」を説くことは「不信との戦い」

真実の人生のあり方、真実の人間の世界観を忘れていないか

もっと嘆《なげ》かわしいことは、そうした一般《いっぱん》の人たちだけではなく、仏教界やキリスト教界というような、こうした、宗教というものを本業としている人たちが、その人たちが、この事実を頑《かたく》なに認めないという現実があるからです。

私はキリスト教界の人たちに言いたい。
あなたがたは、二千年前にだけ、奇跡《きせき》が起きたと思うのか。
二千年前にだけ、神が存在したと思うのか。
二千年前にだけ、神が降臨《こうりん》したと思うのか。

二千年前にだけ、霊《れい》が存在したと思うのか。
それから二千年、神は沈黙《ちんもく》を守っていたと思うのか。
そして、現在ただいまも、沈黙を守っていると思うのか。
あなたがたが信ずるところのイエスは、
二千年前に、ゴルゴタの丘《おか》で死刑《しけい》にかかってよりこのかた、
眠《ねむ》り続けているとでも言うのだろうか。
そんなバカなことが、あなたがたは信じられるのだろうか。
私はそれを問いたい。

仏教徒たちにも言いたい。

あなたがたが今やっていることは、いったい何なのだ。
仏陀《ぶっだ》は、葬式《そうしき》の作法《さほう》をあなたがたに教えたのか。

仏陀は、漢文を朗読するようにあなたがたに勧《すす》めたのか。

そんなことを教えたか。

私はそれを問いたい。

仏陀が教えんとしたことは、『仏陀再誕』に書いてある、あのとおりの内容であるのです。諸々《もろもろ》の衆生《しゅじょう》に、比丘《びく》・比丘尼《びくに》たちに、「真実の人生のあり方とは何か」を教えたのです。また、「真実の人間の世界観とは、いかにあるべきであるか」を教えたのです。

葬式の作法を教えたのでもない。「袈裟衣《けさごろも》を着よ」と教えたのでもない。「線香《せんこう》を灯《とも》せ」とも、「お墓《はか》の前にひざまずけ」と言ったのでもない。

「人間はいかに生きなければならないか」ということを、そして、「人間の本質は、あの神仏といわれるものとまっ

『仏陀再誕』（幸福の科学出版刊）

たく同じである」ということを教えたのです。

ところが、神仏とまったく同じものを内在しているその偉大《いだい》な人間が、この地上に下りてより、自《みずか》らの煩悩《ぼんのう》、欲望、執着《しゅうちゃく》、こんなものに目をくらまされて、真実の生き方を忘れ去って久しいのです。

どのような磨《みが》いた鏡であっても、その表面にゴミや埃《ほこり》をかぶったならば、正しく人の姿を映すことはできないでしょう。

同じように、私たちが神仏の子であったとしても、常に「正しき心の探究」をし、自らの過《あやま》ちを一つひとつ拭《ぬぐ》い去っていく努力をしなければ、私たちの心の鏡に映るところのこの世界は、他人《たにん》の姿は、決して本当のものではないでしょう。それは、いびつな世界であるはずです。

そのいびつな世界のなかに住み、いびつな世界をいびつなままに受け入れて、なぜ、それをよしとしているのか。なぜ、それを当然としているのか。なぜ、それが悲しくはないのか。なぜ、それがおかしいと思わないのか。

不信の根底にあるものは、限りなくうぬぼれた人間の存在

『聖書《せいしょ》』のなかには、三年間の伝道期間において、イエスがいかほどその伝道に苦悩したか、苦労したかということが書かれています。

そして、そのなかに一貫《いっかん》して読み取れることは何であるかというと、「不信との戦い」、この一点であった。イエスの、その三十歳《さい》から三十三歳までの三年間の真理の戦いは、実は不信との戦いであった。あたかもこの一点に絞《しぼ》られているかに見えます。

よくもまた、これだけイエスの言葉を信じない人が世の中には生きていたものだと思われるほど、次から次へとイエスの言葉を疑い、その奇跡を疑い、その真実を疑う者が出てまいりました。まったく、悲しくて読めません。

同じ人間として、同じく神の子として地上に生きている者が、

これほどまでに、何ゆえに不信の塊《かたまり》にならねばならぬのか。

なぜ、人は必ず嘘《うそ》を言うと思うのか。

なぜ、自らの目で見ぬものは存在しないと思うのか。

なぜ、自らの耳で聞こえないものは事実でないと思うのか。

なぜ、自らの頭で理解できないものは絵空事《えそらごと》だと思うのか。

自らの背丈《せたけ》でもって、山の高ささえ測れないではないか。

なのに、何ゆえにその小さな心でもって、神の心が量れるのか。

何ゆえにその小さな目でもって、大宇宙の大きさが測れるというのか。


不信の根底にあるものは、限りなくうぬぼれた人間の存在であります。

真実、神の子としての自分を理解し、そして自らを尊しとするなら、それはよいことでしょう。

しかしながら、困ったことに、まったく違《ちが》った信仰《しんこう》を持っているわけです。

自らが神のごとく、世を、世の中を、人間を裁けるような気持ちになっている。そこまで思い上がった人間が、今から二千年前にも、また二千五百年前にもいたのです。そして、現代にもいるのであります。

私は、この地上で「愛の教え」を説くということは、「不信との戦い」でもあると思うのであります。

自己本位に生きている人間は、他の人が、自分に無私《むし》で何の報酬《ほうしゅう》もなく、何の下心もなく愛を与《あた》えてくれるということが信じられないでいるのです。人間は、そこまで現在落ちぶれているのです。

世の中はすべてギブ・アンド・テイクの世界だと思っている。ギブ・アンド・テイクはまだよいほうかもしれない。テイク・アンド・テイク、奪《うば》うのみ、こう思っている人がどれほどまでいるか。

キリスト教でも仏教でも、「欲望」だとか「執着」だとかいうことはよくないことだと言われています。しかし、その本質そのものは決して悪いものではないのです。それは、各人間が伸《の》びていこうとする、その傾向性《けいこう》のことを言っているのです。

ところが、その伸びていこうとする傾向性が、なんと、「自分のみよかれ」と思う心に、「他の人を蹴落《けお》としてでも、退けてでも、自分だけが花咲《はなさ》けばよい」という思いになっている。

こんなことは、過去、神仏は教えたことがないのです。そんなことを教えたことはないのです。

いつの間に、そんな狭《せま》い自己愛のなかに完結して生きるような人間となったか。それほど情けないあなたがたとなったか。それを考えなければいけない。

他の人が優《やさ》しくしてくれるのは、下心があると見るか、それとも、それを当然と思うか。そんな風潮は、断固として排除《はいじょ》していかねばならないのです。

4　「信仰《しんこう》」とは「偉大《いだい》なる愛」を知ること

私たちが、今、地上に生きていられるのはなぜか

みなさんがたは、「信仰《しんこう》」ということも、ずいぶん古くさい陳腐《ちんぷ》なバカバカしいことだと思われるかもしれません。あるいは、人から言われたかもしれません。その「信仰」という言葉に何を盛るか。それは、それぞれでありましょう。

ただ、私はこの「信仰」という言葉を、別な言葉で説明したいと思うのです。

それは、私たちが、今、地上にこうやって生きていられるのは、目に見えない世界で私たちを生かしてくれているものがあるという事実に基《もと》づくのだということなのです。

それは、もっと具体的に言うならば、みなさん一人ひとりについているところの

守護霊《しゅごれい》の力でもあるし、さらに高次な指導霊の力でもあるし、さらにもっと上にある神格を持った高級霊たちの力でもあるし、また、人格を持たない、さらに高度な存在たちの力でもあります。

その力を私は見たのです、この目で。
聞いたのです、この耳で。
そして、この口で語ってまいりました。
見たのです。聞いたのです。触《ふ》れたのです。
彼らと八年以上、日々話をしている私としては、否定のしようがないのです。
この世界を超《こ》えた世界が厳然としてあるのです。
そして、その世界にいる人たちは、
みなさんがたの目には見えない〝肉体を持っていない彼ら〟は、
みなさんがたの心のなかの最も純粋《じゅんすい》なものと同じものを持っているのです。

みなさんがた自身の最も洗練された姿であるのです。

みなさんがたの心の誤りを取り去り、汚《よご》れを取り去り、
そして、純粋無垢《むく》な、「多くの人々を愛そう」という心になったその姿が、
この地上を去ったところにある天上界《てんじょうかい》に、
多くの霊人《れいじん》として存在しているのです。
それは、みなさんがたの先輩《せんぱい》たちの姿であるのです。
みなさんがたより何十年、何百年、あるいは何千年も前に地上を去って、
立派にこの地上という世界を卒業しえて還《かえ》った人たちの世界があるのです。
そうして、彼らは自分たちだけのことを考えていないのです。
あなたがたに見られることはなくとも、気づかれることはなくとも、
彼らから見たら小さな箱庭のような、
この三次元の現象世界に生きているみなさんがたを、

日夜、見守っているのです。

みなさんがたのことを思わぬことはないのです。

完全に人間を許し切り、涙《なみだ》を流している存在がある

少しばかり霊的な知識を仕入れた方なら、言うこともあるでしょう。

「守護霊というような、そんな便利なものがあったならば、自分の人生は、なぜこんなに悲惨《ひさん》であったか。なぜこんなに苦労に満ちていたか。苦悩《くのう》に満ち満ちていたか。おかしいではないか。彼らは、全智全能《ぜんちぜんのう》の神に似た力を持っているというではないか。なのに、私が苦悩しているときに、なぜ助けなかったのか。私が挫折《ざせつ》したときに、なぜ助けなかったか。なぜわが道を開かなかったか」

そう言うかもしれません。生半可《なまはんか》な霊的な知識を持っている人は、です。

けれども、私は言っておこう。

彼らは、あなたの喜びを喜び、
あなたの悲しみを悲しんでいるということを。
目に見えぬ世界から、
みなさんがたの悲しみを悲しみとしている人たちがいるのです。
その悲しみゆえに、その悲しみを放置しておくことができずに、
みなさんがたが気づかないところで涙《なみだ》を流している人がいるのです。
そういう人たちがいるのです。
その愛が、あの太陽の光のように燦々《さんさん》と降り注いでいるのです。
善人の上にも、悪人の上にも、等しく、
慈雨《じう》のごとく――。

この世的な生き方のなかでは、
みなさんがたは神に喜ばれるような生き方をされることもある。

それに反した生き方をされることもある。
あるときは、ご褒美《ほうび》を与《あた》えられるように思ったこともあるだろう。
あるときには、厳しく罰《ばっ》されたと思うようなときもあるであろう。
しかし、そうしたみなさんがたの行為《こうい》にかかわりなく、
みなさんがたの心に、思いにかかわりなく、
あの父母が幼《おさ》な子を見るがごとくに、
完全にみなさんがたを許し切って、
そして、涙を流している存在があるということなのです。
それを信ずるということも信仰であるのです。

世界や人間の本質についての真実を知ることが「信仰《しんこう》」

信仰《しんこう》ということは、摩訶《まか》不思議なことではありません。
決して、現世利益《げんせりやく》のためにあるのではありません。

現実の、私たちが住んでいるところの世界が、
いったい、いかなるところであるのか。
私たち人間の本質がいかなるものであるのか。
これを知ることなのです。

この事実を、真実を、知るということが、
かつて「信仰」という名で呼ばれてきたものなのです。
科学というものに心酔《しんすい》した現代の人々には、
「信仰」という言葉は受け入れられないかもしれない。
ならば、それを「科学」と呼び換《か》えよう。

それを「科学」と呼び換えるために、
私は数多くの書物を出し続けています。
数多くの講演をやっております。
みなさんに知ってほしいからです。

自分の目で、自分の耳で、知っていただきたいからです。
そしてできうるならば、その自分のハートで、心で、
真実を知ってください。

自分独《ひと》りの力で一生を全《まっと》うできる人など一人もいない

私は、「真実の世界を知る」ということが「信仰」だと言いました。

そして、「真実の世界を知る」ということは、いったい何を知るのか。

それは、私たちを取り囲んでいるところの「偉大《いだい》なる愛」を知るということです。「大いなる愛」を知るということなのです。

自分独《ひと》りの力で一生を全《まっと》うできる人など一人もいないのです。この世においても、この地上を超えた世界を含《ふく》めて見たとしても――。

「自分独りで今まで生きてきた」と言える人が、このなかにいますか。

この地上だけに限ってみたとしても、目に見えない、どれだけ多くの人に支えら

れてまいりましたか。

みなさんだけではありません。私もそうです。

この会場を設計した人がいる。つくった人がいる。運営している人がいる。マイク一つ、つくった人がいる。私の背広も私のネクタイも、つくった人がいる。また、その原料をつくった人がいる。車だってそうです。いろいろなものがそうです。

自分独りで何もできないのが、現代のこの人間の真実の姿であるのです。

何ゆえに、そのことに気がつかない。

生きている人間の仕事だとて、目には見えないではないか。目には見えないのに、確かにあなたがたに役立っているではないか。あなたがたが生きていくために必要なものは、すべて与えられているではないか。

この地上だとて、何の因果《いんが》か、目に見えぬ世界で、みなさんがたが生きていくために支えている人たちがいるのです。この世界を超えた世界のなかにおいては、もっともっと大勢の人たちがそうした心でもって生きているのです。

あの世や霊《れい》、神などをバカにする人の〝間違《まちが》った信仰《しんこう》〟の罪

間違《まちが》った宗教家たちは、「地上を去ったみなさんがたの先祖だとか先輩たちが迷って、自分たちを楽にしてくれるように『供養《くよう》しろ』とばかり言っている」と、そういうことを言って信者集めに走っております。

まあ、そういうことも、ないとは言いませんが、みなさんが生きているときにまともな人間であるならば、地上を去ってもまともな人間であるはずであります。この世でも立派な人間であるならば、この世を去っても立派な人間でいるはずであります。

そんな人たちが、

みなさんがたが見ていてこれほど立派だと思う人たちが、

何ゆえに、血みどろの幽霊《ゆうれい》のようなかたちで出てこなければならないか。

そんな霊界観《れいかいかん》、あの世観を、みなさんは信ずることができようか。
私は信ずることができない。
この世において多くの人々のために生きた人が、
一生懸命《いっしょうけんめい》生きた人たちが、
心清く生きた人たちが、
何ゆえにそんな姿にならねばならないか。
そんなことはありえない。

この世において、多くの人々のために愛に生きた人々は、
この地上を去っても、必ずや、愛に生きているはずです。
必ずや、人々のために生きんとしているはずです。
必ずや、後《おく》れてくる人たちのために何かをせんとしているはずです。
子供が憎《にく》い親がいますか。

孫が憎い祖父・祖母がいますか。
いるはずがない。
地上を去ったみなさんがたの先輩がたは、
日夜、みなさんがたが幸福になるようにと、
どれほど願っているか、祈《いの》っているか、
それが分かりますか。

にもかかわらず、その心が分からずに、
「あの世なんかあるものか。霊などあるものか。
神などあるものか。バカバカしい」として、
それを言い続け、
それを信じ続けている人の、
その〝間違った信仰《しんこう》〟の罪は、その責任は、

いったい誰《だれ》が取るのでしょうか。

それは、そのように確信し続けている本人以外にあろうはずがありません。

5　真実の心を取り戻《もど》せ

いかなる環境《かんきょう》下でも、天国・地獄《じごく》を分けているのは自分自身の心

確かに、天国・地獄《じごく》といわれる世界はあります。私はこの目で見ました。今も知ることができます。天国の世界というところに行っている人と話をすることもあります。地獄という世界に行っている人と話をすることもあります。厳然としてある世界です。百パーセントあります。疑いを入れないものがあります。

しかしながら、その天国・地獄を分けているものは、ほかならぬその人自身の心であって、他の人の責任では決してないのであります。

あなたがたは、ともすれば、自分の幸福は「これは自分自身の力によるのだ」と思い、自分の不幸は「他人《たにん》や環境《かんきょう》のせいによるのだ」と思いがちであります。

しかし、私が見てきた世界は、決して、そのような言い訳を許すような世界ではありませんでした。

すべては、「いかなる環境下に置かれようとも、いかなる人々のなかに置かれようとも、そのなかであなたがどう生きたか」という、この一点にかかっておりました。その心にかかっておりました。

その世界のなかで、難しいことは理解しよう。易《やさ》しい世界に生きたというよりは、難しい環境に生きたということは認めよう。

しかし、その難しい環境のなかで、あなたの心はどうであったのか。

それをどう捉《とら》えた。

マイナスに捉えたか、プラスに捉えたか。

単に、他人様のせいにだけして生きてきたか。

それをこそ問われているのです。

天国・地獄は目に見えない世界だけではありません。現在ただいまの、みなさんがたの心のなかにあります。

自《みずか》らの心を振《ふ》り返ってみて、まだ不幸だと思っている人は多いでしょう。不幸だと思っているからこそ、何とかしてきっかけをつかみたいとして、こういうところに来ておられると思います。

けれども、言っておきましょう。

自らを不幸にしているのは、自らの心であります。

自らを幸福にするものも、自らの心であります。

自らの心の神秘性を知って、自らをいかなる環境下においても幸福ならしめた人は、必ず天国という世界に行くのです。

それは特殊《とくしゅ》な世界ではありません。みなさんがたが見ていて、「素晴《すば》らしい」と思う人たち、「心清き」と思われる人たち、「こういう人たちと付き合ってみたい」と思われるような人たちが残らず行っている世界なのです。普通《ふつう》の世界なのです。そうした普通の世界に普通に還《かえ》ることは、簡単なことなのです。

にもかかわらず、その簡単なことができない人が数多くいるというのです。

今というこの時代においては、半分以上の人がそんなふうになっているといいます。これは、霊的《れいてき》に見たら、半分以上の人が精神異常になっているのと同じなのです。

自分の心一つ統御《とうぎょ》できないのか。

それで、何ゆえに、現代文明を誇《ほこ》ることができるのか。

何ゆえに、進歩したというのか。

あなたは、二千年前の人々と比べて、どれほど自分が進歩したというのか。

三千年前はどうだ。

一万年前と比べてどうだ。

本当に向上しているか。本当に素晴らしくなっているか。

古来、「偉人《いじん》」といわれる人たち、

「聖賢《せいけん》」といわれる人たちは、
一つのことを教え続けてきました。
「みなさんがたの心こそがすべてである」ということを。
「心こそがみなさんがたの実体である」ということを。
「人生の幸・不幸は、この心のコントロールにある」ということを。
この一点を、
何度も何度も、
何千年、何万年と説き続けてきたのです。

自《みずか》らの過去を振《ふ》り返ったときに、とめどもなく涙《なみだ》が流れる理由

私は、このように「心のコントロール」という話をしていますが、そう聞くと、急に不安になり、難しいことであると思った人も、数多くおられることでしょう。

しかし、このことだけはもう一度繰《く》り返して言っておきたいのです。

この世を去った世界に、
みなさんがたを応援《おうえん》している人たちがいるということを知らねばならない。
「こちらのほうに来い」と。
「その心の持ち方では駄目《だめ》だ。こちらへ来い。
こちらの持ち方をせよ。
こういうふうに生きなさい」と、
声を嗄《か》らして言っている人たちが数多くいるのです。
それだけの応援があるのですから、
その声に、なぜ耳を傾《かたむ》けない。
その声が聞こえないと言うのか。
ならば、言いましょう。その声を聞くことはできるのです。
その声を聞くにはどうしたらよいか——。

自《みずか》らの心を澄《す》ましてみることです。
自らの行《おこな》った過《あやま》ちを反省してみることです。
過去数十年の人生を振《ふ》り返って、
間違《まちが》った思いがあれば、その思いを修正し、
間違った行いをしたとするならば、
その結果、苦しめた人たちに対して心から詫《わ》び、
二度とそういう行為《こうい》をしないということを、
神に詫びることです。

そうすることによって、みなさんがたの心は澄んでまいります。
そのときに、涙《なみだ》が流れるでしょう、とめどもなく。
自らの過去を振り返って、とめどもなく涙が流れるでしょう。

その涙が流れる理由が、
みなさんが神の子であることの証明なのです。
なぜ、涙が流れるか。
それは、間違った行為をしてはいられないからなのです。
そのように創られているのです。
「正しい生き方をするように」と創られているのです。
それゆえに、教えられるではなく、
深く、深く、胸の奥《おく》から涙が込《こ》み上げてきて止まらないのです。

間違った思いや行いのなかに生きている人たちは、
こうした瞬間《しゅんかん》を必ず持っていただきたいのです。
そのときに、あなたがたは温かいものを必ず感じるはずです。
自らを包み込むところの温かいものを感じるようになるでしょう。

そして、あるときには、
明確な指針が降ろされてくることもあるでしょう。
また、あるときには、自らの前を堰《せき》していたものが取り除《のぞ》けられ、
奔流《ほんりゅう》のごとく、人生が開けていくこともあるでしょう。
扉《とびら》が開くこともあるでしょう。
一つの扉が閉まって、他の扉が開いていくこともあるでしょう。
そうしたことを感じるようになります。
心を精妙《せいみょう》にし、澄み切り、
そして、目に見えぬ世界からの応援というものを感じて感謝するときに、
そうした現象は数限りなく現れてくることでしょう。

生き方の間違《まちが》いを徹底的《てってい》に反省したときに現れる現象とは

偉《えら》そうに言っている私自身も同じ体験者であります。自らの生き方の間違《まちが》いを振

り返り、そして、偽《いつわ》りの思いのままに、偽我《ぎが》のままに、虚栄《きょえい》のままに、プライドのままに生きていた自分を、徹底的《てってい》に反省したのです。

このままでは、自分は駄目になってしまう。このまま行くならば、もう地獄の底まで堕《お》ちていくだろう。感謝もなく生きてきた。虚栄のままに、欺瞞《ぎまん》のままに生きてきた。自我我欲《じがが よく》のままに生きてきたが、こんな自分で、このままで許されるはずがない。ここで立ち直らないでどうするか。今までの自分をゼロとして、もう一度やり直さずしてどうするか。

過去の欲望や名誉《めいよ》や、さまざまな欲得のために縛《しば》られていた心を自由にし、それらのものを一切《いっさい》すべて投げ捨て、空手《くうしゅ》にして立ち、空《から》っぽの手で、空っぽの心で、空っぽの頭で、すべてをゼロにしてもう一度やり直す。人生をやり直す。

そう思ったときに、今話したような現象が、みなさんの前に現れると私が予言したその現象が、私自身に現れました。私を守護し、指導をしていた者たちが語り始めたのです。

驚《おどろ》くべき、簡単なことなのです。当然と言われたら当然のことなのです。人間として当然しなければならないこと、経験せねばならないことなのです。

その当然のことができない人間が、どれほど多くなったか。

教えてくれるところがないからです。教わることがないからです。そして、その逆に、その真実の教えを嘲笑《ちょうしょう》する者が後《あと》を絶たないからでもあります。

「心清く生きる人」と「知識を詰《つ》め込《こ》んだ人」のどちらを神は喜ばれるか

人間は、少しばかり「知」というもの、知識がついてくると、すぐ、軽蔑《けいべつ》だとか幼稚《ようち》だとか、そんな気持ちでもって、他人の考え方や生き方を批判するようになってきます。

けれども、考えてもごらんなさい。

「心清く生きている人」と、「何千巻《がん》何万巻の書物の知識を頭に詰《つ》め込《こ》んでいる人」と、この両者を比べて、そうして、いったいどちらを神様が喜ばれると思うか。

答えは明らかなのです。真実のものを真実のものとし、素直に受け止めて素直に生きていかんとする人のほうを喜ばれるのです。それが本来の姿だからです。

その本来の姿に立ち返るということを、なぜ、それほど難しいものと考えるのか。

それは、間違った知識の集積をそうとしてきたからです。そして、間違った意志によって、価値観をねじ曲げているからです。

みなさんがたの価値観を、よく点検してください。

他人の価値観で動かされているでしょう。

「こういうところに就職すれば尊敬される」とか、「こういう学校に入れば、どう評価される」とか、この誘惑《ゆうわく》から逃《のが》れることはできなかったでしょう。

至るところに、そうした誘惑は満ち満ちています。

そして、日々に、私たちの心は染め上げられつつあるのです。

これを断固抵抗《ていこう》することです。
真実の心を取り戻《もど》さなければ、
何ら意味がないということを知らねばなりません。
その基盤《きばん》がしっかりしていなければ、
その地盤がまともでなかったら、
その上にいくら建物を建てたとて、その建物は倒《たお》れてしまうのです。
これを「砂上の楼閣《ろうかく》」といいます。
砂の上には建たないのです。
「根本《こんぽん》の人生観」が大事なのです。
これがあってこその立身出世《りっしんしゅっせ》であるのです。
これがあってこその自己実現であるのです。
これがあってこその名声でもあるのです。
素晴らしい人生観を持って、真実の世界を知っている人が、多くの人々への愛のために自己実現をし、自己拡張をしていくことは、素晴らしいことなのです。

ただ、その出発点を間違ってはいかんと言っているのです。

勉強しても結構なのです。

いくら知識を集めても結構。

しかし、根本を間違ってはならない。

根本が腐《くさ》ってしまったら、そんなもの、何の役にも立たない。

そういうことが言いたいのです。


自《みずか》らの心を明るく、透明感《とうめいかん》に溢《あふ》れ、愛の思いに満ちたものにする

みなさんには、多少、酷《こく》な言い方に聞こえるかもしれません。
けれども、はっきり言って、
この最初の関門を通過しないかぎり、

「幸福」などというものはありえないのです。
もし、この世的にいろいろな成功法則があって、それで自《みずか》らの思いが遂《と》げられたとしても、地上を去ったあとに待っているものは何であるか、保証の限りではないのです。

私は繰り返し繰り返し言っています。
この地上を去って持って還れるものは、心しかないのです。
みなさんの心しかないのです。
心しか持って還れないならば、
財産も何も持って還れない、名刺《めいし》も持って還れない、
心しか持って還れないならば、
その心をよくする以外に、何の方法がありますか。

何の幸福感がありますか。
それしかないのです。
簡単なことなのです。

今日《こんにち》ただいまより、
自らの心というものを、
どれほど、明るく、そして透明《とうめい》感に溢《あふ》れ、
多くの人々への愛の思いに満ちたものにしていくか。
これが、人生を日々勝利していくための方法であるのです。

6　無限の愛とは何か

神が人間に「自由」を与《あた》えられたのは、それが「最大の幸福」であるから

私は、人間に固有の「自由」という問題を考えることもよくあります。

冒頭《ぼうとう》に語りました、あの東ドイツと西ドイツの話にしても、「自由を取るか、統制を取るか」という問題でありましょう。

西側には「自由」がある。東側には自由がなく「統制」がある。

そして、東の側から見たならば、「自由の世界」はまた〝堕落《だらく》・退廃《たいはい》〟の世界でもある。東側はその危険性を統制で治めようとしている。

また、「自由の世界」から見たならば、「統制の世界」というのは、自己表現のできない世界であり、思いを実現できない世界である。それゆえに不自由で苦しい。

両者ともよりよき世界に人間を導こうとしつつ、その矛盾《むじゅん》がある。

私は、あのベルリンの壁《かべ》を越《こ》えている人たちの姿を見るにつけても、神が人間に「自由」を与《あた》えられた理由がよくよく分かります。

それが「最大の幸福」であるからでしょう。

けれども、その最大の幸福である自由を与えた結果が、混乱を生み、破壊《はかい》を生み、他の人々を傷つけることになってしまっては、何にもならないはずです。

ゆえに、

「あなたがたには自由を与えるが、その自由には必ず責任が伴《ともな》う。この責任の部分は、各人の心を各人がコントロールせよ。

幸福になるというのは、『権利』ではなくて、
あなたがたの『義務』である」ということを、
神は教えているのです。
心をコントロールすることによって「幸福になる義務」が、
あなたがたにはある。
それを教えているのです。

これが、自由が伴っているところの〝代償《だいしょう》〟なのです。
自由の代償は、心のコントロールによって「幸福になる義務」であるのです。
そして、その心のコントロールにおいて、いちばん大切なものは何であるか。
それは、「自分の思いと行いを悔《く》い改めていく」ということなのです。
間違《まちが》った思いを持ったならば、
即座《そくざ》に修正をし、よい思いに変えていくことです。

間違った行いをしたならば、
その行いは二度とせず、
それとともに、迷惑《めいわく》をかけた人たちには詫《わ》び、
また、神に心より詫びることです。
そして、今日より後《のち》、素晴《すば》らしい人生を築いていくことなのです。

神から与《あた》えられた無限の愛に気づけ

神は、各人に最大限の自由を与《あた》えられた反面、
また、反省ということを通して、
その「〝自由の行使〟の結果」の間違いをも、
直すことができるようにしたのです。
そして、「幸福」を各人が享受《きょうじゅ》できるようにしてくださっている。
これが、神が私たちに与えているところの、

無限界の、「無限の愛」でもあると、私は思うのです。

各人に自由を与え、
そして、自由の結果、間違いを犯《おか》したならば、
反省することさえ許されている。
そして、反省することによって、
幸福になる義務というものを実践《じっせん》することができる。
これが無限の愛でなくて、いったい何でしょうか。

私たちは、一人ひとりが、
その素晴らしさに、
そのありがたさに、
気がつかねばなりません。

本日の講演が、そのためのよすがとなることを祈《いの》ります。

ありがとうございました。

あとがき

本書の原稿を読み直して、何よりも私自身が一番うれしかった。「昔もがんばっていたんだな。」と感じ入った。内容的には、宗教法人格取得二年前に、既に日本一の教団になっている風格がある。

政治システム論は幸福実現党立党（二〇〇九年）以降、考え方は少しかわったところもあろうが、私の発想の仕方はよく分かる。

「八正道《はっしょうどう》」なども、もっともっと専門的な話が後に説かれることになるが、当時の、香川県で「無理」と思って、易《やさ》しい反省法を説いたことも、つい昨日《きのう》のことのようだ。

「無限の愛とは何か」が説かれた時、ベルリンの壁が破れて東西ドイツが一つになった瞬間に立ち会っていたことを、今の若い人たちに分かってもらえようか。

本書は「悟りへの道」の歴史そのものである。

二〇二一年　二月二十一日

幸福《こうふく》の科学《かがく》グループ創始者兼総裁《そうししゃけんそうさい》　大川隆法《おおかわりゅうほう》

『大川隆法　初期重要講演集　ベストセレクション②』関連書籍

『太陽の法』（大川隆法 著　幸福の科学出版刊）

『漏尽通力』（同右）

『常勝思考』（同右）

『仏陀再誕』（同右）

『人生の王道を語る』（同右）

『人を愛し、人を生かし、人を許せ。』（同右）

『悟りの発見』（同右）

『無限の愛とは何か』（同右）

大川隆法《おおかわりゅうほう》　初期重要講演集《しょきじゅうようこうえんしゅう》
ベストセレクション②
──人間完成への道──

2021年 3 月12日　初版第 1 刷
2024年 7 月24日　　　 第 2 刷

著　者　　大《おお》　川《かわ》　隆《りゅう》　法《ほう》

発行所　　幸福の科学出版株式会社
〒107-0052 東京都港区赤坂 2 丁目 10 番 8 号
TEL(03)5573-7700
https://www.irhpress.co.jp/

印刷・製本　株式会社 堀内印刷所

落丁・乱丁本はおとりかえいたします

ISBN978-4-8233-0253-4 C0014
カバー，帯 Vitalii Matokha/Shutterstock.com, KieferPix/Shutterstock.com
装丁・イラスト・写真（上記・パブリックドメインを除く）© 幸福の科学

大川隆法ベストセラーズ・人間完成のための指針

自助論の精神

「努力即幸福」の境地を目指して

運命に力強く立ち向かい、「努力即幸福」の境地へ——。嫉妬心や劣等感の克服、成功するメカニカルな働き方等、実践に基づいた珠玉の人生訓を語る。

1,760円

私の人生論

「平凡からの出発」の精神

「努力に勝る天才なしの精神」「信用の獲得法」など、著者の実践に裏打ちされた「人生哲学」——。人生を長く輝かせ続ける秘密が明かされる。

1,760円

自も他も生かす人生

あなたの悩みを解決する「心」と「知性」の磨き方

自分を磨くことが周りの人の幸せにつながっていく生き方とは？ 悩みや苦しみを具体的に解決し、人生を好転させる智慧が説き明かされた中道的人生論。

1,760円

真説・八正道

自己変革のすすめ

釈尊が説いた「八正道」の精髄を現代的視点から説き明かす。混迷の時代において、新しい自分に出会い、未来を拓くための一書。

1,870円

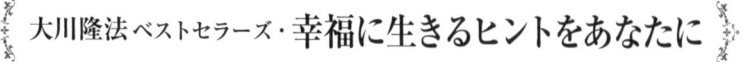

大川隆法ベストセラーズ・本当の愛とは何か

愛の原点

優しさの美学とは何か

この地上を優しさに満ちた人間で埋め尽くしたい──。人間にとって大切な愛の教えを、限りなく純粋に語った書。

1,650円

愛、無限

偉大なる信仰の力

真実の人生を生きる条件、劣等感や嫉妬心の克服などを説き明かし、主の無限の愛と信仰の素晴らしさを示した現代の聖書。

1,760円

愛から祈りへ

よみがえるヘルメスの光

いま、ふたたび愛の時代が訪れる──。本書につづられた詩編や祈りの言葉の数々が、希望の光となって、あなたの魂を癒す。

1,650円

原説・『愛の発展段階説』

若き日の愛の哲学

著者が宗教家として立つ前、商社勤めをしながら書きためていた論考を初の書籍化。思想の出発点である「若き日の愛の哲学」が説かれた宝物のような一冊。

1,980円

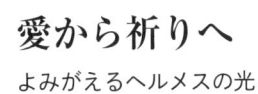

大川隆法ベストセラーズ・小説　鏡川竜二シリーズ

田舎の普通の少年「鏡川竜二《かがみかわりゅうじ》」が成長していく「心の軌跡」を描いた書き下ろし小説。「努力」の言葉を胸に、自分自身を成長させていく幼少期から小学生時代。心の奥底に「大志」を秘めて、青年へと脱皮していく中高時代。大学受験の試練に苦悩しつつも天命に向けて歩みを進めていく、古都京都での日々。心の内面を深め、大志に向けて思想を練っていく東大教養学部時代。そして、専門学部への進学から霊的覚醒へ――。さらに外伝では、竜二を励まし続けた謎の美女の秘密が明かされています。

小説　竹の子の時代

小説　若竹の時代

小説　永遠の京都

小説　内面への道

小説　遥かなる異邦人

シリーズ外伝

小説　とっちめてやらなくちゃ

【各 1,540 円】

大川隆法ベストセラーズ・主なる神エル・カンターレを知る

太陽の法

エル・カンターレへの道

創世記や愛の段階、悟りの構造、文明の流転を明快に説き、主エル・カンターレの真実の使命を示した、仏法真理の基本書。25言語で発刊され、世界中で愛読されている大ベストセラー。

2,200円

永遠の法

エル・カンターレの世界観

すべての人が死後に旅立つ、あの世の世界。天国と地獄をはじめ、その様子を明確に解き明かした、霊界ガイドブックの決定版。

2,200円

永遠の仏陀

不滅の光、いまここに

すべての者よ、無限の向上を目指せ──。大宇宙を創造した久遠の仏が、生きとし生けるものへ託した願いとは。

1,980円

〔携帯版〕

1,320円

〔携帯版〕

幸福の科学の十大原理（上巻・下巻）

世界171カ国以上に信者を有する「世界教師」の初期講演集。幸福の科学の原点であり、いまだその生命を失わない熱き真実のメッセージ。

各1,980円

※表示価格は税込10%です。

大川隆法ベストセラーズ・救世の獅子吼

地球を包む愛

人類の試練と地球神の導き

日本と世界の危機を乗り越え、希望の未来を開くために──。天御祖神《あめのみおやがみ》の教えと、その根源にある主なる神「エル・カンターレ」の考えが明かされた、地球の運命を変える書。

1,760円

真実を貫く

人類の進むべき未来

混迷する世界情勢、迫りくる核戦争の危機、そして誤った科学主義による唯物論の台頭……。地球レベルの危機を乗り越えるための「未来への指針」が示される。

1,760円

大川隆法　東京ドーム講演集

エル・カンターレ「救世の獅子吼《ししく》」

全世界から５万人の聴衆が集った情熱の講演が、ここに甦る。過去に 11 回開催された東京ドーム講演を収録した、世界宗教・幸福の科学の記念碑的な一冊。

1,980円

幸福の科学の本のお求めは、
お電話やインターネットでの通信販売もご利用いただけます。

フリーダイヤル **0120-73-7707** （月～土 9:00～18:00）

幸福の科学出版 公式サイト　幸福の科学出版　検索
https://www.irhpress.co.jp

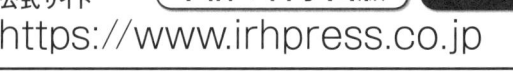

幸福の科学グループのご案内

宗教、教育、政治、出版などの活動を通じて、地球的ユートピアの実現を目指しています。

幸福の科学

一九八六年に立宗。信仰の対象は、地球系霊団の最高大霊、主エル・カンターレ。世界百七十一カ国以上の国々に信者を持ち、全人類救済という尊い使命のもと、信者は、「愛」と「悟り」と「ユートピア建設」の教えの実践、伝道に励んでいます。

（二〇二四年七月現在）

愛

幸福の科学の「愛」とは、与える愛です。これは、仏教の慈悲《じひ》や布施《ふせ》の精神と同じことです。信者は、仏法真理をお伝えすることを通して、多くの方に幸福な人生を送っていただくための活動に励んでいます。

悟り

「悟り」とは、自らが仏の子であることを知るということです。教学《きょうがく》や精神統一によって心を磨き、智慧《ちえ》を得て悩みを解決すると共に、天使・菩薩《ぼさつ》の境地を目指し、より多くの人を救える力を身につけていきます。

ユートピア建設

私たち人間は、地上に理想世界を建設するという尊い使命を持って生まれてきています。社会の悪を押しとどめ、善を推し進めるために、信者はさまざまな活動に積極的に参加しています。

幸福の科学の教えをさらに学びたい方へ

心を練る。叡智《えいち》を得る。
美しい空間で生まれ変わる——

幸福の科学の精舎《しょうじゃ》

幸福の科学の精舎《しょうじゃ》は、信仰心《しんこうしん》を深め、悟《さと》りを向上させる聖なる空間です。全国各地の精舎では、人格向上のための研修や、仕事・家庭・健康などの問題を解決するための助力が得られる祈願《きがん》を開催《かいさい》しています。研修や祈願に参加することで、日常で見失いがちな、安らかで幸福な心を取り戻《もど》すことができます。

総本山・正心館

総本山・未来館

総本山・日光精舎

総本山・那須精舎

東京正心館

全国に27精舎を展開。

運命が変わる場所——

幸福の科学の支部《しぶ》

幸福の科学は1986年の立宗《りっしゅう》以来、「私、幸せです」と心から言える人を増やすために、世界各地で活動を続けています。
国内では、全国に400カ所以上の支部が展開し、信仰《しんこう》に出合って人生が好転する方が多く誕生しています。
支部では御法話拝聴会、経典学習会、祈願、お祈り、悩み相談などを行っています。

海外支援・災害支援

幸福の科学のネットワークを駆使し、世界中で被災地復興や教育の支援をしています。

毎年２万人以上の方の自殺を減らすため、全国各地でキャンペーンを展開しています。

公式サイト **withyou-hs.net**

自殺防止相談窓口

受付時間　火～土:10～18時（祝日を含む）

TEL **03-5573-7707** メール **withyou-hs@happy-science.org**

視覚障害や聴覚障害、肢体不自由の方々と点訳・音訳・要約筆記・字幕作成・手話通訳等の各種ボランティアが手を携えて、真理の学習や集い、ボランティア養成等、様々な活動を行っています。

公式サイト **helen-hs.net**

入会のご案内

幸福の科学では、主エル・カンターレ 大川隆法総裁が説く仏法真理《ぶっぽうしんり》をもとに、「どうすれば幸福になれるのか、また、他の人を幸福にできるのか」を学び、実践しています。

入会

仏法真理を学んでみたい方へ

主エル・カンターレを信じ、その教えを学ぼうとする方なら、どなたでも入会できます。入会された方には、『入会版「正心法語《しょうしんほうご》」』が授与されます。

入会ご希望の方はネットからも入会申し込みができます。

happy-science.jp/joinus

三帰《さんき》誓願《せいがん》

信仰をさらに深めたい方へ

仏弟子としてさらに信仰を深めたい方は、仏《ぶっ》・法《ぽう》・僧《そう》の三宝《さんぽう》への帰依を誓う「三帰誓願式」を受けることができます。三帰誓願者には、『仏説・正心法語』『祈願文《きがんもん》①』『祈願文②』『エル・カンターレへの祈り』が授与されます。

幸福の科学 サービスセンター
TEL 03-5793-1727
受付時間／火～金:10～20時　土・日祝:10～18時（月曜を除く）

幸福の科学 公式サイト
happy-science.jp

幸福実現党

内憂外患《ないゆうがいかん》の国難に立ち向かうべく、2009年5月に幸福実現党を立党しました。創立者である大川隆法党総裁の精神的指導のもと、宗教だけでは解決できない問題に取り組み、幸福を具体化するための力になっています。

HS政経塾

大川隆法総裁によって創設された、「未来の日本を背負う、政界・財界で活躍するエリート養成のための社会人教育機関」です。既成の学問を超えた仏法真理を学ぶ「人生の大学院」として、理想国家建設に貢献する人材を輩出するために、2010年に開塾しました。これまで、多数の地方議員が全国各地で活躍してきています。

TEL 03-6277-6029
公式サイト hs-seikei.happy-science.jp

教育事業 幸福の科学グループ

仏法真理塾「サクセスNo.1」

全国に本校・拠点・支部校を展開する、幸福の科学による信仰教育の機関です。小学生・中学生・高校生を対象に、信仰教育・徳育にウエイトを置きつつ、将来、社会人として活躍するための学力養成にも力を注いでいます。

TEL 03-5750-0751（東京本校）

エンゼルプランV

東京本校を中心に、全国に支部教室を展開。信仰をもとに幼児の心を豊かに育む情操教育を行い、子どもの個性を伸ばして天使に育てます。

TEL 03-5750-0757（東京本校）

エンゼル精舎

乳幼児が対象の、託児型の宗教教育施設。エル・カンターレ信仰をもとに、「皆、光の子だと信じられる子」を育みます。
（※参拝施設ではありません）

不登校児支援スクール「ネバー・マインド」

TEL 03-5750-1741

心の面からのアプローチを重視して、不登校の子供たちを支援しています。

ユー・アー・エンゼル!（あなたは天使!）運動

障害児の不安や悩みに取り組み、ご両親を励まし、勇気づける、障害児支援のボランティア運動を展開しています。

一般社団法人 ユー・アー・エンゼル
TEL 03-6426-7797

NPO活動支援

学校からのいじめ追放を目指し、さまざまな社会提言をしています。また、各地でのシンポジウムや学校への啓発ポスター掲示等に取り組む一般財団法人「いじめから子供を守ろうネットワーク」を支援しています。

公式サイト mamoro.org　ブログ blog.mamoro.org
相談窓口 TEL.03-5544-8989

百歳まで生きる会～いくつになっても生涯現役～

幸福の科学

「百歳まで生きる会」は、生涯現役人生を掲げ、友達づくり、生きがいづくりを通じ、一人ひとりの幸福と、世界のユートピア化のために、全国各地で友達の輪を広げ、地域や社会に幸福を広げていく活動を続けているシニア層（55歳以上）の集まりです。

【サービスセンター】TEL 03-5793-1727

シニア・プラン21

「百歳まで生きる会」の研修部門として、心を見つめ、新しき人生の再出発、社会貢献を目指し、セミナー等を開催しています。

【サービスセンター】TEL 03-5793-1727

幸福の科学グループ **出版** **メディア** **芸能文化**

幸福の科学出版

大川隆法総裁の仏法真理の書を中心に、ビジネス、自己啓発、小説など、さまざまなジャンルの書籍・雑誌を出版しています。他にも、映画事業、文学・学術発展のための振興事業、テレビ・ラジオ番組の提供など、幸福の科学文化を広げる事業を行っています。

アー・ユー・ハッピー?
are-you-happy.com

ザ・リバティ
the-liberty.com

幸福の科学出版
TEL **03-5573-7700**
公式サイト **irhpress.co.jp**

THE FACT

YouTubeにて
随時好評
配信中!

ザ・ファクト

マスコミが報道しない
「事実」を世界に伝える
ネット・オピニオン番組

公式サイト **thefact.jp**

NEW STAR PRODUCTION

ニュースター・プロダクション

「新時代の美」を創造する芸能プロダクションです。多くの方々に良き感化を与えられるような魅力あふれるタレントを世に送り出すべく、日々、活動しています。 公式サイト **newstarpro.co.jp**

ARI Production

ARI Production《アリプロダクション》

タレント一人ひとりの個性や魅力を引き出し、「新時代を創造するエンターテインメント」をコンセプトに、世の中に精神的価値のある作品を提供していく芸能プロダクションです。 公式サイト **aripro.co.jp**